EFFICIENT OFFICES

T0338886

monsa

EFFICIENT OFFICES
Copyright © 2016 Instituto Monsa de ediciones

Editor, concept, and project director
Josep María Minguet

Co-author
Octavio Mestre

Design and layout
Carlos Maurette (estudio Octavio Mestre Arquitectos)
Patricia Martínez (equipo editorial Monsa)

INSTITUTO MONSA DE EDICIONES
Gravina 43 (08930)
Sant Adrià de Besòs
Barcelona (Spain)
Tlf. +34 93 381 00 50
www.monsa.com
monsa@monsa.com

Visit our official online store!
www.monsashop.com

Follow us on facebook!
facebook.com/monsashop

ISBN: 978-84-16500-25-3
D.L. B 11350-2016
Printed by Impuls 45

Introduction

This book aims to show the latest office buildings, as well as some of the never built projects since the beginning of the crisis in 2007, the year we published our first monograph with the Monsa Institute, a crisis that, like so many other architectural studios, has led us to build beyond our borders.

We therefore show the buildings constructed for CERN in French territory, near Geneva, and the offices in Istanbul that fell by the wayside (offices built in London are shown in its twin book "Dealing with history" featuring another side of our latest production, the one dedicated to rehabilitation). Also displayed are the last completed projects in Barcelona that have earned the Gold LEED Certification in the category of rehabilitation which reflects the concern of the study in this field. We show two separate buildings located in Travesera-Amigó and Diagonal 409, the latter on a work we already did 12 years ago and that we have entirely rebuilt. New works and projects underway (and that's the best part) are also shown, like the new façade designed for an obsolete building of the 60s, winning the contest of the makeover of the common areas of the B3 Tower in Barcelona Forum, as well as the SANEF headquarters in Senlis, Abertis subsidiary that controls the motorways in northern France. Something is starting to move... but, as in life, you lose more than you gain (life itself, is often the only victory) we also show some tenders we did not win, but nevertheless submitted a proposal or have been invited to participate, as in Torrelavega, Istanbul, but mostly in Barcelona. Each project aims to respond specifically to a program and to a specific context, both in cases in which we work on already existing elements and reinterpret history, as in cases where the idea is to construct new buildings. Architecture is not divided into new buildings or into rehabilitation, but in exciting buildings and buildings that have no interest. All tell a story: its own history.

The book begins with two texts: one on where the world of offices is heading today (using as a basis the already published text in the architecture magazine t18 -www.t18magazine.com- that I co-direct with Xavier Alba) and a second text on the steps taken in a building as Travesera to obtain the LEED Gold Certificate in rehabilitation, i.e. eco excellence in energy efficiency.

Este libro pretende mostrar los últimos edificios de oficinas, así como algunos de los proyectos no construidos, desde el inicio de la crisis en el 2007, año en el que publicamos nuestra primera monografía con el Instituto Monsa, una crisis que, como a tantos otros estudios de arquitectura, nos ha llevado a construir más allá de nuestras fronteras. Así pues, se muestran los edificios construidos para el CERN, en territorio francés, junto a Ginebra, y las oficinas en Estambul que se quedaron por el camino (las oficinas construidas en Londres se muestran en su libro gemelo "Tratando con la historia" que recoge otra parte, la dedicada a rehabilitación, de nuestra producción última). También se muestra las últimas obras en Barcelona que han merecido el Certificado LEED Oro en la categoría de rehabilitación y que reflejan la preocupación del estudio en la materia. Así mostramos sendos edificios situados en Travesera-Amigó y en Diagonal 409, éste último actuando sobre una obra que ya hicimos, hace 12 años y que hemos rehecho, en su totalidad. También se muestran (y eso es lo mejor) las nuevas obras y proyectos en marcha, la nueva fachada diseñada para un edificio obsoleto de los años 60, el concurso ganado de cambio de imagen de las zonas comunes de la Torre B3, en el Fórum de Barcelona, así como el de la sede de SANEF en Senlis, la filial de Abertis, que controla las autopistas del norte de Francia. Algo empieza a moverse... Pero como en la vida se pierde más que se gana (la vida en sí, es, con frecuencia, la única victoria) mostramos, también, algunos de los concursos perdidos a los que nos hemos presentado o hemos sido invitados a participar, ya en Torrelavega, Estambul y, los más, en Barcelona. Cada proyecto pretende responder, de manera específica, a un programa y a un contexto determinado, tanto en los casos en los que nos ha tocado trabajar sobre preexistencias y reinterpretar la historia, como en los casos en los que se plantean edificios de nueva planta. Porque la arquitectura no se divide en edificios de nueva planta o de rehabilitación, si no en edificios emocionantes y los que no tienen ningún interés. Todos cuentan una historia: su propia historia.

El libro empieza con dos textos: uno sobre hacia dónde se dirige el mundo de la oficina hoy (usando como base el ya publicado en la revista de arquitectura t18 -www.t18magazine.com- que codirijo junto a Xavier Alba) y un segundo texto sobre las medidas adoptadas en un edificio como Travesera para obtener el Certificado LEED Oro, en rehabilitación, es decir, la excelencia en eco eficiencia energética.

Where is the world of the office going to nowadays?

⌐ A conference lectured by Sevil Peach at ELISAVA

The conference is framed within the "Workspace design" course of the Elisava School, a course which is already running its fourteenth edition (eleventh when the conference was delivered) and which had her among its teaching staff and collaborators alongside Lluis Peiró, Marc Cuixart, Enzo Vignolo and many others… It is Ricardo Guasch, Masters Director and for many years, Degree Director at the School, the one who introduces her, making a reference to the hearts, drawn beside the light stains, at the project of the offices of Vitra at Wheil-am-Rhein that she has authored. Because, this small lady of a fragile appearance that is Sevil Peach has clients of the stature of Vitra, Microsoft or the international pharmaceutical firm Novartis. And many could find surprising that the person who designs the interior of the offices of all these corporations and of so many others big companies is not an architect but an interior designer; is not a man, but a woman. However, this is perhaps the condition that allows her to work from a different conscience, where the emotive is primordial, the surrounding, the skin, the colour, without renouncing because of this, to a crashing logic of diagrams and schemes from where she analyses the problems to solve. Just that, where she finds convenient, she sows her surfaces of expressive hearts. I'm attending the first architecture conference of my life where I get out with the conviction that the most important for the person lecturing is the people and not the object projected (many others claim it, but is not true). In fact, in the pictures which Sevil shows, the important thing is the relation that holds between those who occupy the space, not the space itself: *If a building can't take someone redecorating his or her box or hanging the pictures of his or her children on the panel that separates his table from the next, it is the project the one which is not right,* says Sevil Peach, because it doesn't anticipate what will happen. And our work is no other than that, to foresee the future and to make it possible.

In fact, she is against things *too designed*. She knows that sometimes, the most important aspect in a building is not where to place the cafeteria, understood as a meeting point, but to choose the best coffee, because this is what will make people gather there –or not-, around the bar, instead of leaving the building. And this will generate cohesion among the employees, something that in the long term will result in a benefit for the company. She knows that the most important is not to design the kitchen furniture, but to choose the person who is going to cook, a real *mamma*. Thus, Sevil Peach not only chose the cook at the Microsoft offices personally (*this is her great success* she would tell us)… she also designed the menus personally (because if there is something we all like, that's eating). *The difficult aspect is not designing, it is reaching agreements, persuading the client, passing on the message…* and seen from this perspective, I think about the many customers we have had during 30 years and in how, in spite of being so different, they have allowed us to do our work.

Sevil works both at the Vitra headquarters and at those of Microsoft in Amsterdam, *introducing light* inside the offices, opening patios to generate relations between the different plants (as we did at the Mutua Madrileña headquarters at Barcelona or at those of Prosegur in L'Hospitalet), always

Hacia dónde va el mundo de la oficina hoy:

⌐ Una conferencia impartida por Sevil Peach en ELISAVA

La conferencia tiene marco dentro del curso *"Diseño del Espacio del trabajo"* de la Escuela Elisava, un curso que ya va por su catorceava edición (onceava, cuando se impartió la conferencia) y de cuya plantilla de profesores y colaboradores formo parte junto a Lluis Peiró, Marc Cuixart, Enzo Vignolo y tantos otros… Ricardo Guasch, director del Máster y, durante años, Director de Grado de la Escuela es quien la presenta haciendo referencia a los corazones, dibujados junto a las manchas de luz, en el proyecto de las oficinas de Vitra en Wheil-am-Rhein, de la que es autora. Porque esa menuda mujer, de frágil apariencia que es Sevil Peach, tiene a clientes de la talla de Vitra, Microsoft o la multinacional farmacéutica suiza Novartis. Y a algunos podría sorprenderles que quien diseña el interior de las oficinas de todas esas corporaciones y de tantas otras grandes compañías, no es arquitecto sino interiorista, no es un hombre, sino una mujer. Sin embargo, es quizás esta condición la que le permite trabajar desde una conciencia diferente, donde lo emotivo es primordial, la envolvente, la piel, el color, sin renunciar por ello a una lógica aplastante de diagramas y esquemas desde los que analiza los problemas a solventar. Sólo que, allá donde le interesa, siembra sus planos de expresivos corazones. Asisto a la primera conferencia de arquitectura de mi vida en la que salgo con la convicción de que lo importante, para quien la imparte, son las personas y no el objeto proyectado (otros muchos lo dicen, pero no es verdad). De hecho, en las fotos que Sevil enseña, lo importante es la relación que se produce entre quienes habitan el espacio, no el espacio en sí: *si un edificio no pude aguantar que alguien re decore su cubículo o cuelgue las fotos de sus hijos en la pantalla que separa su mesa de otra, es que el proyecto no está bien,* dice Sevil Peach, porque no prevé lo que pasará. Y nuestro trabajo trata de eso, de prever el futuro. Y de hacerlo posible.

De hecho, ella está contra las cosas *demasiado diseñadas,* ella sabe que, a veces, lo importante de un edificio es, no ya dónde situar la cafetería, entendida como punto de encuentro, sino escoger el mejor café, porque es lo que hará que la gente se reúna -o no- entorno al bar, en vez de salir del edificio. Y eso producirá cohesión entre los empleados, lo que a la larga, acabará por redundar en el beneficio de la empresa. Sabe que lo importante no es diseñar el mobiliario de cocina, sino escoger a la persona que va a cocinar, una auténtica *mamma.* Así Sevil Peach no sólo escogió a la cocinera en las oficinas de Microsoft (*ese es su gran éxito,* nos dirá)… sino que diseñó, personalmente, los menús (porque, si algo nos gusta a todos, es comer). *Lo difícil no es diseñar, sino llegar a acuerdos, convencer al cliente,* hacer pasar el mensaje… y, visto en perspectiva, yo pienso en los tantos clientes que, durante 30 años han sido, y cómo, a pesar de ser tan diferentes, nos han permitido hacer nuestra obra.

Sevil trabaja tanto en las sedes de Vitra como en la de Microsoft en Ámsterdam *metiendo luz natural* en el interior de las oficinas, abriendo patios para generar relaciones entre las diferentes plantas (como nosotros hicimos en la sede de la Mutua Madrileña de Barcelona o en la de Prosegur en L'Hospitalet), siempre con el recuerdo del jardín de su casa que fue

holding the memory of her home's garden that was her first office, when she funded it on 1994. This way, I see myself reflected again... My first office was my house, and my studio today resembles more a house than a modern studio... In fact I pass many of my waking hours there, more than in my real home... but, which one is the real one?... Sometimes I think I only design for others... One shouldn't work at home (people need to socialise with other people), it is necessary to work in an office that resembles a house, that makes you feel at home. This is the conclusion I extract. And I translate her conference to my recent experience with the construction of an enormous mall: Sometimes "working as an architect" doesn't only mean to project a good building, a container of functionalities flexible enough as to adapt to the uncountable changes that it will suffer through time without losing its identity. It means to design logos to integrate in the facade without being out of place, to organise a press conference in the language needed, to mediate with the Town Hall the fees to pay, to choose the music to mark the rhythm of the movie on the inauguration day... everything adds up... And frequently, the design is not important on itself (the client in this occasion told us that *they chose us because they knew it would be me the one attending the visits to the site personally, while other firms against which we were competing, a lot bigger than ours, would send a second man of a third colaborator*)... Thus, the apparent inconveniences can, sometimes, become an advantage.

su primer despacho, cuando lo fundó en el año 1994. Y, así, vuelvo a verme reflejado... Mi primer despacho fue mi casa y el que hoy es mi estudio parece más una casa que un estudio moderno... De hecho, paso muchas horas, despierto, allí que en mi verdadera casa... pero ¿cuál es la verdadera?... A veces pienso que sólo diseño para los otros... No hay que trabajar en casa (la gente necesita relacionarse con otra gente), hay que trabajar en una oficina que parezca una casa, que te haga sentir en casa. Esa es la conclusión que saco. Y traduzco su conferencia a mi experiencia reciente con la construcción de un enorme centro comercial: A veces "hacer de arquitecto" no es sólo proyectar un buen edificio, un contenedor de funciones lo suficientemente flexible como para adaptarse a los innumerables cambios que sufrirá en el tiempo, sin perder su identidad, sino es diseñar unos logos que se integren en las fachadas sin desentonar, organizar una campaña de prensa en el idioma que toque, mediar con el Ayuntamiento las tasas a pagar, escoger la música para marcar el ritmo de la película del día de la inauguración... todo suma... Y, con frecuencia, lo importante no está en el diseño en sí (el cliente, en esa ocasión, me dijo que *nos escogieron porque sabían que sería yo quien iría, personalmente, a las visitas de obra, mientras que los otros despachos contra los que competíamos, mucho mayores que el nuestro, te enviarían a un segundo de un tercer colaborador*)... así, los aparentes inconvenientes pueden, a veces, convertirse en ventaja.

Lo bueno de la conferencia es que te anima para hacer otras tantas cosas (tengo varios edificios de oficinas en construcción, en esos momentos), para darle una vuelta de tuerca más y ser más imaginativo, si cabe, no dejarse, no abandonarse nunca... Si el mobiliario de la cafetería, del restaurante, del hall o el de las salas de reuniones lo eligen otros (pienso en la sede del CERN), tenemos muchos números de que el edificio, por dentro, sea mediocre. Porque el negocio del explotador de la cocina es servir menús, no escoger el mobiliario más sugerente (cosa que ni saben, ni le interesa, y, en todo caso, cuesta más dinero). Y que, dentro del acuerdo marco, lo pague, no debería de implicar que lo tenga que escoger... Asistir a conferencias como la que impartió Sevil Peach te da energía para seguir luchando por reclamar cuál debe de ser nuestro sitio en esta sociedad.

What it good about the conference is that it encourages you to do so many other things (I have several office buildings under construction at the moment), in order to go a step further and to be more imaginative, if possible, to not let oneself go, to never give oneself up… If the furniture of the cafeteria, the restaurant, the hall o that of the meeting rooms is chosen by others (I'm thinking of the CERN headquarters) there are many chances for the building to be mediocre inside. Because the business of the person in charge of the kitchen is to serve menus, not to choose the most suggestive furniture (something that they don't know about, aren't interested about and if so, coast them more money). And the fact that they are meant to pay it according to the framework of the agreement, shouldn't imply that they have to choose it… Attending conferences like the one delivered by Sevil Peach gives you the energy to keep fighting to reclaim the place meant for us in this society.

Sevil starts her conference talking about the office as a meeting space. The office is the place for the work of the knowledge, a place for a kind of work that is not in opposition to life anymore, instead of it; it is the place that also gives life… Sevil talks about projecting luminous working spaces and says that the process is as important as the result (something I cannot agree with as much, because at the end, you either win the Champions league or not… and we only remember the name of the winners). And she wanders, "What is work?" on a screen background that is a Play Time photogram, the well known film by Jaques Tati… Later, during the dinner, she would tell us that there should be a Tati nowadays, to ridicule the contradictions of the current design… when it takes you half an hour to guess where is the water coming out at the washroom, you get your foot in, swing your hand underneath the tap, first fast, later more slowly, you move… until your discover that there is a lever under the shelf, and that you have to bend down to see it. We have a marvellous profession that mixes technology and connectivity, social structures, conventions and urban condition. Sevil Peach says that nowadays changes are more important than those of the industrial Revolution (a big leap into a new era) and detects as key points the economic pressure we are exposed to, the forces of change, the need to always have High performance buildings, low costs, to inspire a desire on the user and to be more flexible and more multifunctional. In other words, being an architect today is harder than ever.

On that line, in these last year, she says, the usual briefing of an office project requires the qualitative point of view to be more important than the quantitative one, to integrate cultural and behavioural changes, as they take place, they demand the buildings to work hard, they demand environmental credentials LEEDS & BREEAM, among others, and she detects the possible end for what she calls the "vanity projects". From an analysis of the business world, we are required to provide a greater productivity, flexibility, adaptability, competitiveness, in a world more and more global. From a more personal point of view, we are asked to face the challenge to be always able to choose the best solution… Self determination, to challenge, the behaviour, the routine… are words that mark her intervention (the italic are hers).

If we compare today's office to that of yesterday, we will see that before people use to work 9 to 5, while today they are always working, at any time, that the inputs have been substituted by the outputs, the control by faith, emails by face to face again, the technology by making things invisible,

Sevil empieza su conferencia hablando de la oficina como lugar de encuentro. La oficina es el lugar del trabajo del conocimiento, un lugar del trabajo que ya no es lo opuesto a la vida, sino que es también la vida… Sevil habla de proyectar luminosos espacios de trabajo y dice que tan importante es el resultado como el proceso (con lo que no puedo estar tan de acuerdo, porque al final ganas la Champions o no… y sólo se recuerda el nombre de los vencedores). Y se pregunta What is work? sobre un fondo de pantalla que es un fotograma de Play Time, la conocida película de Jacques Tati… Luego, durante la cena, nos dirá que debería de haber un Tati de hoy que ridiculizase las contradicciones del diseño actual… como cuando te pasas media hora para adivinar de dónde sale el agua en el lavabo, metes el pie, pasas la mano debajo del grifo, primero rápido, luego mas despacio, te mueves… hasta descubrir que hay una palanca bajo la repisa que debes de agacharte para verla. Tenemos una profesión maravillosa, que mezcla tecnología y conectividad, estructuras sociales, convención y condición urbana. Sevil Peach dice que hoy, los cambios son más importantes que los de la revolución industrial (a big leap into a new era) y detecta, como puntos clave, la presión económica a la que estamos sometidos, las fuerzas del cambio, la necesidad de tener siempre High performance buildings, costes bajos, provocar deseo en el usuario y ser más flexibles y multifuncionales. Vamos, que ser arquitecto, hoy en día, es más difícil que nunca.

En esa línea, en estos últimos años dice que el briefing habitual de un programa de oficinas nos pide que la visión cualitativa sea más importante que la cuantitativa, integrar los cambios culturales y de comportamiento, a medida que suceden, exige que los edificios trabajen más duro, se exigen credenciales medioambientales LEEDS & BREEAM, entre otras, y detecta el posible fin de lo que ella denomina los "vanity projects". Desde un análisis del mundo del negocio, se nos exigen una mayor productividad, flexibilidad, adaptabilidad, competitividad en un mundo cada vez más globalizado. Desde un punto de vista más personal, se nos pide el reto de ser capaces de decidir siempre la mejor solución… Self determination, to challenge, the behavior, the routine… son palabras que marcan su intervención (las cursivas son suyas).

Si comparamos la oficina de hoy con la de ayer tendremos que antes la gente trabajaba de 9 a 5 mientras ahora se trabaja siempre, a cualquier hora, que los Inputs se han sustituido por los outputs, el control por la fe, los e-mail por el cara a cara otra vez, la tecnología por hacerla invisible, lo Linear por lo múltiple y el mundo analógico por el digital. No es un mal resumen, sobre todo porque viene a decirnos que el e-mail no puede sustituir el contacto real y que sólo deja aparente la tecnología el nuevo rico que presume de ella (las personas no vamos por ahí enseñando vísceras, nos basta con que funcionen y no las notemos). En la oficina moderna aparecen nuevos términos (algunos nos vemos obligados a nombrarlos en inglés porque también en español nos referimos a ellos en inglés): intercambio, co-working, nesting, hot desking, cambios normativos, conceptos como el nomadismo, la ecología, la movilidad o la célula. Where did we learn how to work? ¿Trabajo en una mesa o en todas partes? Y muestra imágenes de gente trabajando en parques y jardines, en playas y bosques… Añade, además, que debemos de distinguir entre eficiencia y condiciones miserables de trabajo, entornos humanos o inhumanos, concentración y aislarse, o relax y colapso… y cómo eso cambia, según las culturas: en Shanghái la

the linear by the multiple and the analogical by the digital. It is not a bad summary, mostly because it comes to tell us that email cannot substitute real contact and that the only one showing about his technology is the new rich man who presumes of having it (normal people don't go about showing their guts, we have enough with get them working and not noticing them). In the modern office we have many new terms (for some, we are forced to refer to them in English because in Spanish we also refer to them in English): *exchange, co-working, nesting, hot desking, normative changes, concepts like nomadism, ecology, mobility or cell. Where did we learn to work? Do I work on a desk or everywhere?* And she shows images of people working in parks and gardens, in beaches and woods… She also adds that we should make the distinction between *efficiency and miserable working conditions, human an inhuman environments, concentration and isolation, relax or collapse…* and how all this changes according to the culture: in Shanghai people sleep in offices (as also do the Japanese on the underground, without missing the stop as if they were programmed for it) in an attitude that we would find disgraceful.

Before, the professional career was limited to have a bigger and bigger desk until the point of having your own office. Now, we are asked to learn from the past, but also to forget about it, to be able to generate social matrices, it is not about style, but about human aspects, *there is no formula because there is not only one way, we must support both the individual and the team, to engage with a dynamic environment and to look for the balance between isolating ourselves* (the image of individual Japanese on individual tubs) *and concentrating* (someone thinking behind a tree). Sevil's conference is demystifying, she talks from the point of view of the user, not of the artist, interior designer or architect. Because of that, later, during dinner, she would ask herself *what to do to repeat the warm atmosphere of certain old restaurants,* as the one in which we had dinner, *when we have no pre-existence and our modern condition moves us to create cold architectures, to be Zen without being Japanese, I would like to add…* The truth is that *the older we become, and the greater the managing responsibility, the less time we pass in offices, to the point where nowadays buildings have an occupation of a 40%... Would it make sense to reduce their foot print and to make smaller buildings? To not assign desks to each worker? To favour the idea of having meetings in other places, not in the usual closed meeting rooms?...* As an example Sevil Peach would explain the offices at Vitra in Wheil and Rheim (1997-200), those of Microsoft in Amsterdam and those of Novatis in Basilea, without mentioning other examples, not less interesting, that she offered afterwards.

In the case of Vitra em Wheil am Rhein's central headquarters, under the motto *"Unveiling the architects shell",* she introduced concepts as the *territorial space work (creating human scale, a sense of intimacy, a breathing office,* she would say)… She speaks of how important it is to work *along the edge,* what means making a good use of natural light, *working with men* (the important is the people), *enlarging the heart of the office, more connection & retreat opportunities…* and thus, give more space to what is really important. She is for creating *the citizen offices…* to create offices for the people. Thought the years she has passed from the new office concept of the year 2000, to the *college office* of the 2004, to the *fusion office* of 2006, to the nowadays office that she calls *net & nest office,* meaning a refuge, which works connected through a network, and for it she has created

gente se duerme en las oficinas (también lo hacen los japoneses en el metro, sin saltarse las paradas como si estuvieran programados) en una actitud que a nosotros nos parecería impresentable.

Antes, la carrera profesional de alguien se limitaba a tener cada vez una mesa mayor hasta conseguir el propio despacho. Ahora, se nos pide aprender del pasado pero también olvidarlo, ser capaz de generar matrices sociales, no se trata de estilos sino de aspectos humanos, *no hay una fórmula, porque no hay un solo camino, debemos de apoyar tanto al individuo como al equipo, comprometernos con un entorno dinámico y buscar el equilibrio entre el aislarse* (imagen de japoneses en bañeras individuales) y *el concentrarse* (alguien que piensa, tras un árbol). La conferencia de Sevil es desmitificadora, ella habla desde el punto de vista del usuario, no del artista, interiorista o arquitecto. Por eso después, durante la cena, se preguntará *cómo hacer para repetir la atmósfera cálida de según qué restaurantes antiguos,* como aquel en el que cenamos, *cuando no tenemos la preexistencia y nuestra condición de modernos nos lleva a hacer arquitecturas frías, a ser zen sin ser japoneses,* añadiría yo… Lo cierto es que a más edad, y mayor cargo directivo, las gente pasa menos tiempo en las oficinas, hasta el punto de que los edificios actuales tienen una ocupación de apenas un 40 %… ¿No tendría sentido reducir su huella y hacer edificios menores? ¿No asignar mesas a cada trabajador? ¿Favorecer que las reuniones se tenga en tantos otros sitios, no en salas de reuniones cerradas al uso?... A modo de ejemplos (Case Studies) Sevil Peach explicaría las oficinas de Vitra en Wheil am Rheim (1997-2000), las de Microsoft en Ámsterdam y las de Novartis en Basilea, amén de otros ejemplos, no menos interesantes, que nos ofreció a modo de bises.

En el caso de la sede central de Vitra en Wheil am Rhein, bajo el lema *Unveiling the architects shell,* introdujo conceptos como el *territorial space work (creating human scale, a sense of intimacy, a breathing office,* dirá ella)… Habla de cómo es importante *working along the edge,* lo que significa aprovechar la luz natural, *Work with men* (lo importante son las personas), *enlarging the heart of the office, more connection & retreat opportunities…* y así dar más espacio a lo que es realmente importante. Ella está por *the citizen offices…* por crear oficinas para la gente. A lo largo de los años ha pasado del nuevo concepto de oficinas del año 2000, al *college office* del 2004, a la *oficina fusión* del 2006, a la oficina actual que ella denomina *net & nest office,* una oficina nido, es decir refugio, que trabaja conectada en red, para la que ha creado *The heart & business club,* un club social en el centro del edificio. Ha experimentado con colores, excavado en las paredes, utilizado el mobiliario de Vitra (esos sofás con reposabrazos de los hermanos Bourellec)… A los que tienen la suerte de trabajar en los patios que ella misma abrió, cuando hace buen tiempo (recordemos que no hay puestos asignados), les llama los *ciudadanos liberados.*

El caso de Microsoft en Ámsterdam es diferente: la sede ocupa un edificio anodino, a *developers building.* Así pues se imponía a *new branding,* a *new physical emotional identity* to transmit: *triumph, democratic, customer, friendly, interaction, collaboration* ¿Hace falta traducción alguna? Siempre se me antoja curioso como toda empresa quiere significar sus valores, transmitir el contenido al continente, pero esos valores coinciden, con frecuencia, con independencia de la empresa de que se trate… ¿alguien dice de sí mismo que no es innovador, que es autoritario y poco amistoso,

The heart & business club, a social club, at the centre of the building. She has experimented with colours, digging into walls, using the Vitra's furniture (those sofas with armrests by the Bourellec brothers)... For those who have the luck to work in the patios that she herself opened, when the weather is nice (lets remind that there are no assigned places), she calls them *liberated citizens*.

The Amsterdam headquarters is nondescript, *a developer's building*. Therefore it was necessary to implement *new branding, a new physical and emotional identity to transmit: triumphant, democratic, customerfriendly, interactive, collaborative*. I always find it curious how every company wants give meaning to their values, to transmit what they stand for into the fabric of the company, but in many cases these values exist independently of the company promoting them. Would anyone actually say of themselves that they aren't innovative or that they are authoritarian or unfriendly, that they don't like interacting with others and that they aren't bothered about the environment?

For that reason, I prefer to take more notice of results over words: 1,288 employees and not one assigned desk, not one closed office... *an emotional approach, main core... the coffee shop is the very centre of the office* (it was important to get them to come down; at 12.30 it seems like the call of the wild; everyone goes to the cafeteria). And she continues: *meeting rooms on the perimeter, informal meeting roomseverywhere, meeting cabins in the garden, blackboards, presentation panels, pin up panels*. Using Bourellec tiles as acoustic partitions and tape on the ceiling to suggest routes, she opened up apertures on the various floors of the building in order to physically interconnect them. She designed the lockers and personalized the workstations, created furniture which could be converted into different formats depending on its intended use, and filled the office with colour, *colour is important to us*, she tells us.

2 The studio work in these last few years

To listen to whom knows more than oneself has the advantage of letting one learn what one doesn't know, or either to corroborate what one already knew. And one sees, in a natural way, how one always looked for and fought to let the natural light come inside for the biggest number of people (normally, the employees are the ones passing the most hours inside, and are also the ones that have the right and the need for light)... And from there to the Prosegur Patio or the new Patios of the Mutua Madrileña at Barcelona in order to enable everybody who was to work on the cellar -1 to have natural light, through the central empty space that presides over the stairs and both skylights, placed on both ends, from side to side.

... And you feel that you made no mistake placing the cafes on the CERN building, either looking towards the central patio, either toward the crossing of the two wings, next to the covered terrace, in order to have a terrace to go out when the weather is nice... Because nothing pleases more the people from bad weather countries than to enjoy the good weather, the open air, when they have it...

... And you feel that you made no mistake either, making the meeting rooms of our buildings multifunctional, meaning that they could be used for other things... Because the important thing is the space, its special

que no le gusta la interacción con los demás ni se preocupa por el medio ambiente? Por eso, por encima de las palabras, me quedo con los resultados: 1.288 empleados y ni una sola mesa asignada, ni una sola despacho cerrado... *an emotional approach, main core... the coffee shop is the very center of the office* (era importante hacerles bajar... a las 12 y media parece la llamada de la selva: todo el mundo va a la cafetería)... Y sigue: *meeting rooms in the perimeter, informal meeting rooms, everywhere, meeting cabins in the garden, blackboards, presentation panels, pin up panels*.... Con las tejas de los Bourellec como separadores acústicos y una cinta en el techo que sugiere recorridos, abrió huecos entre las diversas plantas para conectarlas, físicamente entre sí. Diseñó las taquillas y personalizó las mesas de trabajo, generó un mobiliario que se convertía en varias cosas, favoreciendo diversas funciones... lleno la oficina de color, *color is important to us*, nos dirá.

2 La obra del estudio en estos últimos años

Escuchar a quien sabe más que uno tiene la ventaja de que uno aprende lo que no sabe, o corrobora lo que ya sabía. Y ve cómo, de manera natural, uno siempre buscó y luchó por hacer entrar la luz natural para el mayor número de gente (normalmente son los empleados los que pasan más horas y los que tienen más derecho y necesidad de luz...) Y de ahí el patio de Prosegur o los nuevos de la Mutua Madrileña en Barcelona para hacer que toda la gente que iba a trabajar en el sótano -1 tuviera luz natural, a través del vacío central que preside la escalera y de sendas claraboyas, situadas en ambos extremos, de lado a lado...

... Y sientes que no te equivocaste al situar los cafés en el edificio del CERN, bien dando al patio central, bien en la confluencia de las alas, junto a la terraza en cubierta, para tener una terraza a la que poder salir, cuando haga buen tiempo... Porque nada gusta más a la gente de los países en los que hace mal tiempo que disfrutar del buen tiempo, al aire libre, cuando lo tienen...

... Y sientes que no te equivocaste, tampoco, al hacer que las salas de reunión de nuestros edificios fuesen multifuncionales, es decir, sirvieran para más cosas... Porque lo importante es el espacio, la calidad espacial,

quality, its flexibility, not the use that people make of it, something that will change through time. Today, no need to go further, I realise that in all the schools where I teach, people work more in groups, that nobody studies in the libraries (you can't talk at the library) but on the bar, with an Internet connection... So nobody consults the paper encyclopaedias anymore (being an encyclopaedia salesman today is more obsolete than being a street knife sharpener)... The spaces and their uses must therefore be rethought... As when someone asks you for a chart too strict at the start of the project, which you know will change before the building is finished, because several departments would have mixed together, several areas of the business would have grown or disappeared. The customer doesn't know, but you know it will happen and it happens. And this also, is something you should foresee. ... And you feel you made no mistake also, making the corporative headquarters of the different companies explain, from the specific design, the values that each of these companies represent and want to transmit... The offices of each of them can't be the same in spite of them all having work spaces (being group work, *open space* zones, or individualised offices), waiting areas, meeting rooms and areas to isolate oneself (absolutely necessary to talk on the phone, now that we tend to the *open space*)... Because today, everything is more complex and the work positions are of several types, assigned or not, of hot desking, while the meeting rooms are of different types also, to keep meetings standing or sitting, in twos or in a crowd, according to the time and the formality of each case... Without forgetting about the meetings at the bar... or in the corridors (sometimes, while we were studying, we learnt more in the corridors than in the classrooms). The truth is that today everything becomes more complicated, everything is more specific, but at the end, deep inside, everything holds, everything remains (the eternal fight between Parménides versus Heráclito). Never mind how much we like giving places an English terminology, we won't change the dog by changing the collar.

su flexibilidad, no el uso que la gente haga de él, que cambiará a lo largo del tiempo. Hoy, sin ir más lejos, compruebo en todas las Escuelas en las que enseño que la gente trabaja más en grupo, que ya nadie estudia en las bibliotecas (en las bibliotecas no se puede hablar) sino en el bar, con conexión a Internet.... De la forma en la que ya nadie consulta enciclopedias en papel (ser vendedor de enciclopedias es hoy un oficio más obsoleto que el de afilador)... Los espacios y sus usos deben, pues, repensarse... Como cuando se te pide un organigrama demasiado estricto, al empezar un proyecto, que tú sabes que cambiará, antes de que el edificio se acabe, porque se habrán fusionado varios departamentos, habrán crecido o desaparecido diversas áreas de negocio. El cliente no lo sabe, pero tú sabes que pasará y pasa. Y, también eso, debes de tenerlo previsto.

...Y sientes que no te equivocaste, tampoco, al hacer que las sedes corporativas de las distintas empresas explicasen, desde el diseño específico, valores que cada una de esas empresas representa y quiere trasmitir... No pueden ser iguales las oficinas de unos y otros, por más que todas tengan espacios de trabajo (ya en grupo, en zonas *open space*, ya en despachos individualizados), zonas de espera, salas de reunión y zonas para aislarse (absolutamente necesarias para hablar por teléfono, ahora que se tiende al *open space*)... Porque hoy es todo más complejo y los puestos de trabajo son de varios tipos, asignados o no, de hot desking, mientras las salas de reuniones son de varios tipos, también, para mantener reuniones de pie o sentados, de a dos (vis a vis) o multitudinarias, según el tiempo y la formalidad del caso... Sin olvidarnos de las reuniones en el bar... o en los pasillos (a veces, mientras estudiábamos, aprendimos más en los pasillos que en las aulas). Lo cierto es que hoy todo se complica, todo se hace más específico, pero, al final, en el fondo, todo permanece, todo queda (la eterna lucha de Parménides contra Heráclito). Por más que nos guste denominar a los sitios por su terminología inglesa, no cambiaremos al perro, cambiándole el collar.

Es cierto que la tendencia hace que hoy haya muchos puestos no asignados, gentes que comparten mesa, a horarios distintos y se sienten conforme llegan (lo que nos permite reducir la huella de nuestros edificios), pero también lo es que la tendencia humana nos hace apropiarnos de los espacios, y hacerlos nuestros, personalizarlos, de la manera en la que, en

It is true that the trend today tends towards many non assigned spaces, people sharing a table, different timetables and people sitting as they get in (something that allows us to reduce the footprint of our buildings), but also a human tendency makes us to claim for us different spaces, to make them ours, customise them in a way that, in the organised coach tours you always end up sitting the same way, even when nobody is forcing us to it… And thus, even though some years ago with the development of the new technologies, it seemed that we all were going to work at the beach or at the park or at our own house, connected to the cloud and to the network, at the end, we all still "go to the office" because, working together, new synergies and capital gains are generated that multiply our productivity…

Or first works took place in Barcelona… Because one builds what is close by, in a way that one tends to fall in love with what is next by… The truth is that the crisis has forced us to go to other places to work (I don't like to qualify as abroad places where I feel at home) and thus, in this monograph, we present alongside buildings build in Spain, buildings built on the outskirts of Geneve (in Prevessin and Ferney Voltaire) for CERN, as well as in Istanbul, the way in which we have carried out works in London city centre and our big projects in Russia or Latin America… Working in other countries forces you to face up to new regulations, to speak other languages (although this hasn't never been the problem). It is harder to understand the subtleties of other cultures and languages because, without leaving our continent, there is a butter Europe and one that cooks with olive oil… and those who cook using butter think themselves superior, while we intimately know, we are Latinos for some reason, that it isn't the case, that for some journeys we don't need that much luggage… (and nobody is going to give us lessons on how to dry ham). There are also other worlds other than Europe and working there is even harder… because one thinks understands others and is being understood, but this tends to not be the case. Because, even talking the same language, *ahorita or ahoritita* (now), may mean in a long while depending on the circumstances. With Latin America happens that, when you get up, they go to bed.

We have already talked about the importance of sustainability in one of the other three texts coming beside of this monograph. About the importance of architecture understood as skin, we have a__ witness the interior reform of the Mapfre Tower (that we have finally not included) and the Forum B3 Tower (both tender processes, the last one still being finished) as the new facades for the buildings at Travesera no. 18-20 or the new one projected for the headquarters of Inmoviliaria Colonial – the present one was made by us more than 20 years ago- which is shown in a monograph parallel to this one, "Dealing with History". Money, which is as conservative as it gets and also cowardly, hasn't disappeared in this time of crisis, it was there, crouching, and now it is timidly showing its head again. We also include, some studies or tender processes lost, some of a great scale (of one or more blocks of the Ensanche) in Barcelona, that as the Seda of El Prat (see the book by Monsa "Building and Light") and as the dinosaurs, died and disappeared due to their excessively large size, as well as buildings projects in Sarria or Torrelavega that will never come through because we, as everybody, loose more tender processes than the ones we get.

Octavio Mestre

los viajes organizados en autobús, siempre acabas sentándote de la misma manera, aunque nadie nos obligue a ello… Y así, de la manera en la que, hace unos años y ante el avance de las nuevas tecnologías, parecía que todos íbamos a trabajar en la playa o en los parques o desde nuestra propia casa, conectados a la nube y a la red, al final, todos seguimos *"yendo a la oficina"* porque, trabajando juntos, se generan sinergias y plusvalías que multiplican nuestra productividad…

Nuestras primeras obras fueron en Barcelona… Porque uno construye lo que tiene más cerca, de la manera en la que uno suele enamorarse de lo que tiene al lado… Lo cierto es que la crisis ha hecho que hayamos tenido que salir a trabajar a otros países (no me gusta calificar de extranjero a sitios en los que me siento en casa) y así, en esta monografía, presentamos junto a edificios construidos en España, edificios construidos en los alrededores de Ginebra (en Prevessin y en Ferney Voltaire) para el CERN, así como proyectos en Estambul, de la manera en la que hemos hecho obras en el centro de Londres y grandes proyectos en Rusia o América latina…Trabajar en otros países obliga a enfrentarse a otras normativas, hablar otros idiomas (aunque ese no ha sido nunca el problema). Es mucho más difícil entender las sutilezas de otras culturas que las lenguas, porque, sin salir de nuestro continente, hay una Europa de la mantequilla y otra que cocina con aceite de oliva… y los que cocinan con mantequilla se creen superiores, mientras nosotros sabemos, íntimamente, para algo somos latinos, que ese no es el caso, que para según que viajes, no se necesitan alforjas… y que a nosotros no nos van a dar lecciones de cómo curar el jamón). También hay otros mundos que no son Europa y trabajar allí es aún más complicado… porque uno cree entender y que le entienden, pero suele no ser el caso. Porque, incluso hablando el mismo idioma, *ahorita o ahoritita* puede significar dentro de mucho, según las circunstancias. Con América Latina sucede que, cuando tú te levantas, ellos se acuestan.

Sobre la importancia de la sostenibilidad ya hemos hablado en otro de los tres textos que acompañan esta monografía. De la importancia de la arquitectura, entendida como piel, dan fe tanto las reformas interiores de la Torre Mapfre (que, finalmente, no hemos incluido) y de la Torre B3 del Fórum (ambos concursos, este último con las obras finalizándose) como las nuevas fachadas para los edificios de Travesera nº 18-20 o la nueva proyectada para la sede de Inmobiliaria Colonial –la actual la realizamos, hace más de 20 años– y que se muestra en la monografía paralela a ésta, *"Tratando con la historia"*. El dinero, conservador donde los haya y miedoso, no ha desaparecido en esta época de crisis, estaba allí, agazapado, y ahora asoma de nuevo, tímidamente, la cabeza. Incluimos, también, algunos estudios o concursos perdidos, algunos a gran escala (de una o varias manzanas del Ensanche) en Barcelona, que como el de la Seda de El Prat (ver el libro de Monsa *"Building & Light"*) y que, como los dinosaurios, murieron y desaparecieron por su exceso de tamaño, así como proyectos de edificios en Sarrià o Torrelavega que nunca verán la luz. Porque, como todos, perdemos muchos más concursos de los que ganamos.

Octavio Mestre

EFFICIENT OFFICES

1 ON THE NEED OF PARAMETERISING OUR BUILDINGS

In this country, one wins the tender process of a public library, a sports stadium or a hospital complex and, automatically, ends up becoming a specialist on libraries, stadiums or hospital complexes, because there aren't that many people able to fill in a CV, the works required in order to enter the process and to be chosen... How to break the inertia of the first time?

We find that there are people that had classified us as an architecture study specialised in building office blocks, corporative headquarters, renovating heritage... This happens even among our clients. It is not without reason, we have made the headquarters of Inmobiliaria Colonial, and for them, a dozen block of offices for rent, several council houses for the Generalitat (those of Labour and Territorial relations), the headquarters of Mutua Madirleña in Madrid and Barcelona, the County Council house, the headquarters of Prosegur and as a last one, those of Levante Capital, in a modernist building registered as their property... As well as so many others offices at the Mapfre Tower, law firms bureaus and different interior design works... Also, others have us classified as mall specialists from the moment we won the integral reform of the L'Illa Diagonal Mall, the Pedralves Centre and so on, until the Gran Jonquera... or single luxury family houses... But the truth is that one is not a specialist on anything. One simply tries to solve the problems presented by the client, without prejudices, with the utmost humility, but also, from the deepest conviction regarding our work. And always, with and from the cultural baggage that doing architecture always implies (architecture is culture or it stops being architecture, I often say).

Today, nobody doubts that in the same way we can parameterize a building, to know its height, its weight (the famous question that Buckminster Fuller made to Norman Foster, How much does your building weight Mr Foster?), today, we should know how much do our buildings spend and what to do to improve their energetic efficiency. In fact, our last buildings are all "passive house" (the CERN buildings are adjusted to the specifications of the RT-2012, the strict French regulation and that of CERN itself) and the last two reforms in Barcelona (the buildings at Travesera-Amigó and the Diagonal 409 have obtained the CS LEED ORO Certificate and the Calener GT Nivel B energetic qualification in rehabilitation), something that is always harder than when it is applied on brand new buildings and we can play with the thermal coating.

2 MEASURES TO ADOPT

Within the environmental concern that should distinguish us and in order to make our buildings worth of the GREEN BUILDING consideration, only at the Geoda de Travesera Building, on top of all the conditions of the architectonic coating, we have projected installations in order to allow the reduction of 40% and 45% of the energetic consumption of a building of similar characteristics and to minimize the carbon emissions. The project has been written in collaboration with the engineering firm OTP, while regarding the LEED Certificate, we had the help of David Lázaro and Francisco Martín from the CBRE Department, as well as for the management of the building already integrated in the project phase for which we had the support for the Grup TBA Company. Among others, we could highlight the following interventions that have been adopted:

PLUMBING AND SANITATION

- Tap fittings PRESTO series 2020 ECO with flow regulators on single tap handle for the sink set on 3 litres/minute and push buttons with timer PRESTO series ARTE UE in urinals with a maximum water volume of 5 litres/minute.
- Production of sanitary hot water for sinks and changing rooms showers through aero-thermal heat pump DAIKIN ALTHERMA with accumulation deposit and recirculation system incorporated.
- System for the collection and regeneration of greywater coming from the sinks and the rain water from the rooftops to feed the WC tank, urinals and automatic watering of the garden areas of the rooftop, ensuring savings in the building water consumption higher than 25%.

TEMPERATURE CONDITIONING AND VENTILATION

- Individual and exclusive temperature setting for each floor with offices (with the possibility of two modules per floor), through a variable cooling volume system (VRV series III) with heat recuperation (DAIKIN) what means the possibility for the disposition of simultaneous cooling or heating for each of the interior units, independently of the working cycle of each of the machines (winter or summer) with a high energy efficiency.
- Individual temperature control (cold-heat) for each module through an independent thermostat.
- Centralized external units, all on the covered floor and interior units of low profile of minimal sound integrated on the false sealing of each floor.
- The installation design guaranties an economical and efficient functioning through the connection of the different interior units towards a sole external unit for each floor and the thermal recuperation function that allows a noticeable energy saving.
- The controller connects the interior units towards the exterior units and distributes the coolant efficiently depending on the functioning regime (cold-hot) of the interior units in order to be able to condense or evaporate coolant. The recuperation of heat will be done diverting the heat coming from the internal units that work on a cooling mode towards areas that require heat. The microprocessor compensate the heating and cooling charges, allowing for the functioning of the compressor at power levels lower that the nominal.
- Installation of primary air (contribution of air from outside and extraction for ventilation) individual for the each module of offices, located at the area of services of each floor, equipped with filters, thermal treatment by means of a straight expansion battery associated with the VRV temperature control system, heat recuperation for energy saving and integrated humidification.
- Control of the primary air flow and humidity independent for each module of offices by means of flow regulation gates and environment sounding lines and humidity control.
- Regulation system and integrated centralized control at the management system of the building Building Manager System (BMS).

ELECTRICITY

- Electrification prevision for each floor (2 modules per floor):
- Travessera de Garcia's Building Office: 25.000 W (125 W/m2).
- Amigó Building Office: 20.000 W (125 W/m2).
- Safety interior wiring, low smoke emission and reduced "halogen free" opacity and individual diversions of each module with sections dimensioned for an electrification of up to 35,000 watts if necessary.
- Individual electric control panels of zinc plated metallic electro-sheet with protections (SCHNEIDER ELECTRIC) equipped with independent digital counters for the consumption controls. Prevision of technical floor for the crossing of the channelling of the current plugs, voice-data plugs and structured wiring.
- GEWIS series mechanism with exterior finishing on white.
- Interior lighting for each office (KORTILUX, ICARO series) with LED equipped with electronic adjustable set with parabolic optics on aluminium for an average lighting level of 500 lux on the working plane, with a power installed lower than 9 W/m2.
- The lights located closer than three metres from the building facade have 1-10 V photocells to meet the requirements of the energetic efficiency values of the VEEI installation.
- The building common services (lighting, management system, fire, alarm and lifts control room) have an uninterrupted power supply system by means of a generator set located on the rooftop.

SPECIAL

- Centralised building management system (BMS).
- Installation of public address system and aerials for radio and TV signal on every floor.
- Installation of shared vertical telecommunication infrastructure and prevision of canalizations for structured wiring.
- Prevision of access control, intrusion alarm and closed TV circuit with IP cameras connected to a video recorder with MPEG4 converter, integrated web server, with storage capacity for 4096 GBytes.

PROTECTION AGAINST FIRE

- Installation of protection against fire in agreement with the current legislation, automatic water sprinklers at the car park, portable fire extinguishers, equipped fire hydrants, dry ascendant and descendant columns, automatic centralised fire detection and monitored from the reception and alarm transmission push buttons for the pressuring of the evacuation stairs of the building.
- The planned extinction means are:
- 21A-113B y CO2 efficiency fire extinguishers on the whole building on top of polyvalent ABC efficacy extinguishers on the technical rooms, network of automatic water sprinklers in the car park, network equipped with fire hydrants, installation of dry columns and exterior hydrants.
- The fire detection systems contemplates: analogical optic detectors on the common areas of the building, conventional optic detector on environment conditions on office floors, thermal detector at the car park and internal push buttons and sirens distributed all over the building.

3 SUSTAINABILITY WELL UNDERSTOOD

In anyway, a well understood sustainability starts by understanding that a well located and communicated building will help people to spend much less money commuting to get to it. Clearly, this is not a merit of our intervention, because the buildings are where they are... Sustainability well understood, forces us to study the shape coefficient and the orientation (when we deal with brand new works) and thus, we can collaborate on the energy saving, establishing skin passive values making stripes, superimposing double layers to make the architecture work in a natural way. Thus for the posterior facade, looking to a block yard and oriented towards the West, we have provided a new generation carpentry of Cortizo and ahead of this one some external blinds (the blinds work well outside in the case of being hit by the sun, a mechanism bock them to prevent them from being raised to guaranty the climatic comfort of the people working there).

On the other hand, from the point of view of the installation design, divide and rule, despite the fact that the larger sets tend to have better efficiencies, the air conditioned installations have been divided to the maximum (each divisible unit, that can be rented out independently, has its unit on the rooftop) so there is no need to have the whole building on if it's only working partially. The same criteria have been applied to the power installation: There is barely a switch on the floors. The common areas (stairs and bathrooms) have presence sensors and the lights closer to the facade have a system which prevents them from being switched on, if the light level outside is enough. Also, in the case of the water supply and evacuation installations, the greywater of sinks (are collected and treated) to supply among others, the urinals, WC and to water both gardens created for that purpose. At the same time, car park for electric cars, bicycles and changing rooms with showers have been provided to favour the access to the building through no polluting means... and endless other measures.

It's good to be aware of the fact that our resources are finite and for that, nothing better than seeing how much the cost of the water and electricity bills has risen in the last years. But I'm of the opinion that we shouldn't put the cart before the horse. Let not invent the fish and chips either. The good architecture has always been sustainable. Sustainability is played in many fields, first, in that of its own intellectual discipline. Architecture must be sustainable as a project on itself. Because, as Souto da Moura said, *secondary architects always find minor themes to distract themselves, some years ago it was the intelligent buildings, as if the Parthenon was a stupid thing... and now, we have invented this thing of the sustainability*. I leave it here. We can't say more than this with less. And please don't take me wrong.

Octavio Mestre
In collaboration with Hector Fernández (OTP Enginyers)

OFICINAS EFICIENTES

1 SOBRE LA NECESIDAD DE PARAMETRIZAR NUESTROS EDFICIOS

En este país, uno gana un concurso de una biblioteca pública, un estadio deportivo o un centro hospitalario y, automáticamente, acaba convertido en especialista en bibliotecas, estadios o centros hospitalarios porque no son tantos los que puedan adjuntar en su CV, las obras requeridas para poderse presentar a concursos y ser escogidos... ¿Cómo romper la inercia de la primera vez?

Sucede que hay quien nos tiene catalogados como un estudio de arquitectura especialista en construir edificios de oficinas, sedes corporativas, en rehabilitar patrimonio... Incluso, sucede entre nuestros clientes. No en vano, hemos hecho las sedes de Inmobiliaria Colonial y, para ellos, una docena de edificios de oficinas de alquiler, varias Consellerias de la Generalitat (la de Trabajo y la de Relaciones Territoriales), las sedes de la Mutua Madrileña en Madrid y Barcelona, las sedes de la Diputación, de Prosegur y, la última, la sede de Levante Capital, en un edificio Modernista catalogado de su propiedad... Así como tantas otras oficinas en la Torre Mapfre, despachos de abogados e interiorismos diversos... También, otros, nos tienen catalogados como especialistas en centros comerciales desde que ganamos la reforma integral del CC L'Illa Diagonal, el Pedralbes Centre y así, hasta el Gran Jonquera... o de viviendas unifamiliares de lujo... Pero, lo cierto, es que uno no es especialista en nada. Uno, simplemente, intenta responder a los problemas que le plantea el cliente, sin prejuicios, con la mayor humildad, pero, también desde la más profunda convicción en la importancia de nuestro trabajo. Y, siempre, con y desde el bagaje cultural que siempre supone hacer arquitectura (o la arquitectura es cultura deja de ser arquitectura, suelo decir). Hoy ya nadie duda de que, de igual manera que podemos parametrizar un edificio, saber cuánto mide, cuánto pesa (la célebre pregunta que Buckminster Fuller le hizo a Norman Foster, How much your does your building weigh, Mr. Foster?), hoy deberíamos de saber todos, cuánto consumen nuestros edificios y qué hacer para mejorar su eficiencia energética. De hecho, nuestros últimos edificios son todos ellos "passive house" (los edificios del CERN se ajustan a cuanto especifica la RT-2012, la estricta reglamentación francesa y la propia del CERN) y las dos últimas reformas en Barcelona (los edificios en Travesera-Amigó y en la Diagonal 409, han obtenido el Certificado CS LEED ORO y la calificación energética Calener GT Nivel B, en rehabilitación), algo siempre más difícil que cuando se plantea en edificios de nueva planta y podemos jugar con las envolventes.

2 MEDIDAS A ADOPTAR

Dentro de la preocupación medioambiental que debiera distinguirnos a todos y de cara a hacer que nuestros edificios merezcan la consideración de GREEN BUILDING, sólo en el edificio Geoda de Travesera, además de todas las condiciones de la envolvente arquitectónica, se han proyectado las instalaciones de cara a permitir reducir entre un 40 y 45% el consumo de energía de un edificio de similares características y minimizar las emisiones de carbono. El proyecto ha sido redactado en colaboración con la ingeniería OTP, mientras para la obtención del Certificado LEED contamos con la ayuda de David Lázaro y Francisco Martin del Departamento de

CBRE, así como para la gestión del edificio integrada ya en la fase proyecto, nos apoyamos en la empresa Grup TBA. Entre otras, destacaríamos las siguientes intervenciones adoptadas:

FONTANERIA Y SANEAMIENTO

- Grifería PRESTO serie 2020 ECO con reguladores de caudal en mono mando para lavabos determinado en 3 litros/minuto y pulsadores temporizados PRESTO serie ARTE UE en urinarios con un caudal máximo de 5 litros/minuto.
- Producción de agua caliente sanitaria para lavabos y duchas vestuarios mediante bomba de calor Aero térmica DAIKIN ALTHERMA con depósito de acumulación y sistema de recirculación incorporado.
- Sistema de recogida y regeneración de aguas grises procedentes de los lavabos y agua de lluvia de las cubiertas para la alimentación de las cisternas de los inodoros, urinarios y riego automático de las zonas ajardinadas de la planta cubierta, que asegura un ahorro en el consumo del agua del edificio superior al 25 %.

CLIMATIZACIÓN Y VENTILACIÓN

- Climatización individualizada y exclusiva para cada planta de oficinas (con posibilidad de 2 módulos por planta), mediante un sistema de volumen de refrigerante variable (VRV serie III) con recuperación de calor (DAIKIN) es decir con disponibilidad de refrigeración o calefacción simultanea para cada una de las unidades interiores, independientemente del ciclo de funcionamiento de las máquinas (invierno o verano) con una elevada eficiencia energética.
- Control de temperatura individual (frio–calor) para cada módulo mediante termostato independiente.
- Unidades exteriores centralizadas todas en la planta cubierta y unidades interiores de baja silueta de mínimo nivel sonoro, integradas en falsos techos de cada planta.
- El diseño de la instalación garantiza un funcionamiento económico y eficaz mediante la conexión de las diferentes unidades interiores hacia una sola unidad exterior para cada planta y la función de recuperación térmica permite un notable ahorro de energía.
- El controlador conecta las unidades interiores hasta la unidad exterior y distribuye eficientemente el refrigerante dependiendo del régimen de funcionamiento (frio-calor) de las unidades interiores para poder condensar o evaporar refrigerante. La recuperación de calor se hará desviando el calor procedente de las unidades interiores que funcionan en modo de refrigeración hacia las zonas interiores que requieran calor. Los microprocesadores compensan las cargas de refrigeración y calefacción, permitiendo un funcionamiento del compresor en niveles de potencia inferiores a los nominales.
- Instalación de aire primario (aportación de aire exterior y extracción para ventilación) individual para cada módulo de oficinas situada en la zona de servicios de cada planta, dotado de filtración, tratamiento térmico a través de una batería de expansión directa asociada al sistema de climatización VRV, recuperación de calor para ahorro energético y humidificación integrada.
- Control del caudal del aire primario y de humedad independiente por cada módulo de oficinas mediante compuertas de regulación de caudal y sondas de ambiente y control de humedad.
- Sistema de regulación y control centralizado integrado en el sistema de

gestión del edificio Building Manager System (BMS).

ELECTRICIDAD

- Previsión de electrificación para cada planta (2 módulos por cada planta):
- Oficina Edificio Travessera de Gracia: 25.000 W (125 W/m2).
- Oficina Edificio Amigó: 20.000 W (125 W/m2).
- Cableado interior de seguridad, baja emisión de humos y opacidad reducida "libre de halógenos" y derivaciones individuales de cada módulo con secciones dimensionadas para una electrificación de hasta 35.000 Vatios en caso necesario.
- Cuadros eléctricos individuales de chapa electro cincada con protecciones (SCHNEIDER ELECTRIC) provistos de contadores digitales independientes para los controles de consumo. Previsión de suelo técnico para el paso de canalizaciones de tomas de corriente, tomas de voz-datos y cableado estructurado.
- Mecanismos serie GEWIS con acabados exteriores en blanco.
- Alumbrado interior de cada oficina (KORTILUX serie ICARO) con LED dotada de equipo electrónico regulable con óptica parabólica de aluminio para un nivel de iluminación medio de 500 lux en el plano de trabajo con una potencia instalada inferior a 9 W/m2
- Las luminarias situadas a menos de tres metros de las fachadas del edificio disponen de fotocélulas 1-10 V para cumplimiento de los valores de eficiencia energética de la instalación VEEI.
- Los servicios comunes del edificio (alumbrado, sistema de gestión, centrales de incendio y alarma y ascensores) disponen de sistema de alimentación eléctrica ininterrumpida mediante un grupo electrógeno situado en la planta cubierta.

ESPECIALES

- Sistema de gestión del edificio centralizado (BMS).
- Instalación de megafonía y señales de antena de radio-televisión en todas las plantas.
- Instalación de infraestructura común de telecomunicaciones vertical y previsión de las canalizaciones de cableado estructurado.
- Previsión de control de accesos, alarma de intrusión y circuito cerrado de televisión con cámaras IP conectadas a video grabador con conversor para MPEG4, servidor web integrado, con capacidad para almacenar 4096 GBytes.

PROTECCIÓN CONTRAINCENDIOS

- Instalaciones de protección contra incendios de acuerdo con la reglamentación vigente, rociadores automáticos de agua en parking, extintores portátiles, bocas de incendio equipadas, columnas secas ascendentes y descendentes, detección automática de incendios centralizada y monitorizada desde la recepción y pulsadores de transmisión de alarma, para presurización escaleras de evacuación del edificio.
- Los medios de extinción previstos son:
- Extintores de eficacia 21A-113B y CO2 por todo el edificio además de extintores polivalentes de eficacia ABC en cuartos técnicos, Red de rociadores automáticos de agua en parking, Red de Bocas de Incendio Equipadas, Instalación de columna seca e Hidrantes Exteriores.
- El sistema de detección de incendios contempla: Detectores ópticos ana-

lógicos en zonas comunes de edificio, Detectores ópticos convencionales en ambiente en plantas de oficinas, Detectores térmicos en parking y Pulsadores y sirenas interiores distribuidas por todo el edificio.

3 LA SOSTENIBILIDAD BIEN ENTENDIDA

De todas formas, la sostenibilidad bien entendida empieza por entender que un edificio bien situado y bien comunicado hará que la gente gaste mucho menos dinero para desplazarse hasta él. Claro que eso no es mérito de nuestra intervención, porque los edificios están donde están... La sostenibilidad bien entendida nos obligará a estudiar el coeficiente de forma y la orientación (cuando se trata de obras de nueva planta) y así podremos colaborar en el ahorro energético, estableciendo valores pasivos de la piel haciendo lamas, superponiendo dobles capas que hagan que la arquitectura funcione de forma natural. Así, en la fachada posterior, a patio de manzana y orientada a oeste, se ha previsto una carpintería de última generación de Cortizo a la que se le antepone una persiana exterior (las persianas funcionan bien si están fuera que, en caso de asoleo, un mecanismo las bloquea para que no pueden subirse para así garantizar el confort climático de las personas que allí trabajen).

Por otro lado, desde el punto de vista del diseño de las instalaciones, divide y vencerás, a pesar de que los equipos de más envergadura suelen tener mejores eficiencias, se ha troceado al máximo las instalaciones de Aire Acondicionado (cada unidad divisible que puede alquilarse de manera independiente tiene su unidad en cubierta) para no tener que tener todo el edificio en marcha si se usa de manera parcial. El mismo criterio se ha aplicado a las instalaciones eléctricas: no hay apenas un interruptor en las plantas, las zonas comunes (escaleras y aseos) van con sensores de presencia y las luminarias más cercanas a las fachadas tiene un sistema que les impide encenderse, si el nivel de iluminación del exterior es suficiente. También, en el caso de las instalaciones de suministro y evacuación de aguas, se reciclan las aguas grises de los lavabos (se recogen y se tratan) para para abastecer, entre otros, a los urinarios, inodoros y para regar sendos jardines creados a tal efecto, Asimismo, se han previsto parking para coches eléctricos, aparcamiento de bicicletas y vestuarios con duchas para favorecer el acceso al edificio por medios no contaminantes... y todo un sinfín de medidas.

Está bien ser conscientes de que los recursos son finitos y, para ello, nada mejor que ver cómo ha subido el coste de los recibos de agua y luz, en los últimos años. Pero soy de los que opina que no hay que poner, tampoco, el carro delante de los bueyes. No inventemos, tampoco, la sopa de ajo. La buena arquitectura siempre ha sido sostenible. Y la sostenibilidad se juega siempre en muchos campos, el primero en el de su propia disciplina intelectual. La arquitectura debe de ser sostenible como proyecto en sí misma. Porque, como decía Souto da Moura, *los arquitectos secundarios siempre inventan temas menores para distraerse, hace unos años fueron los edificios inteligentes, como si el Partenón fuera estúpido... y, ahora, nos hemos inventado esto de la sostenibilidad.* Lo dejo aquí. No se puede decir más con menos. Y que nadie me malinterprete.

Octavio Mestre
Con la colaboración de Hector Fernández (OTP Enginyers)

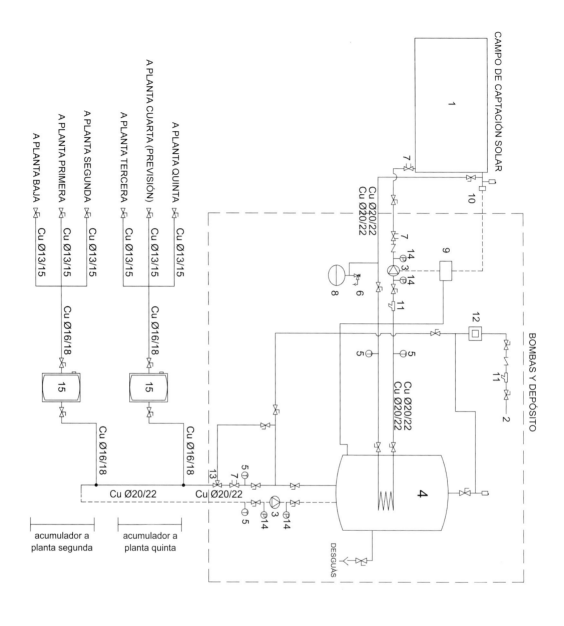

CAMPO DE CAPTACIÓN SOLAR

BOMBAS Y DEPÓSITO

A PLANTA QUINTA — Cu Ø13/15
A PLANTA CUARTA (PREVISIÓN) — Cu Ø13/15
A PLANTA TERCERA — Cu Ø13/15
A PLANTA SEGUNDA — Cu Ø13/15
A PLANTA PRIMERA — Cu Ø13/15
A PLANTA BAJA — Cu Ø13/15

Cu Ø16/18

Cu Ø16/18

Cu Ø16/18

Cu Ø16/18

Cu Ø20/22

Cu Ø20/22

acumulador a planta segunda

acumulador a planta quinta

Cu Ø20/22
Cu Ø20/22

Cu Ø20/22
Cu Ø20/22

DESGUAS

1. Captadores solares
2. Sistema de llenado
3. Grupo de impulsión
4. Depósito inter acumulador
5. Termómetro
6. Válvula de seguridad
7. Válvula reguladora del caudal
8. Vaso de expansión
9. Central de control / termostato
10. Sonda de temperatura
11. Filtro colador
12. Contador
13. Válvula termostática mezcladora
14. Manómetro
15. Calentador eléctrico 100 lt.

Agua solar caliente
Agua solar fría
Agua caliente sanitaria
Agua de red

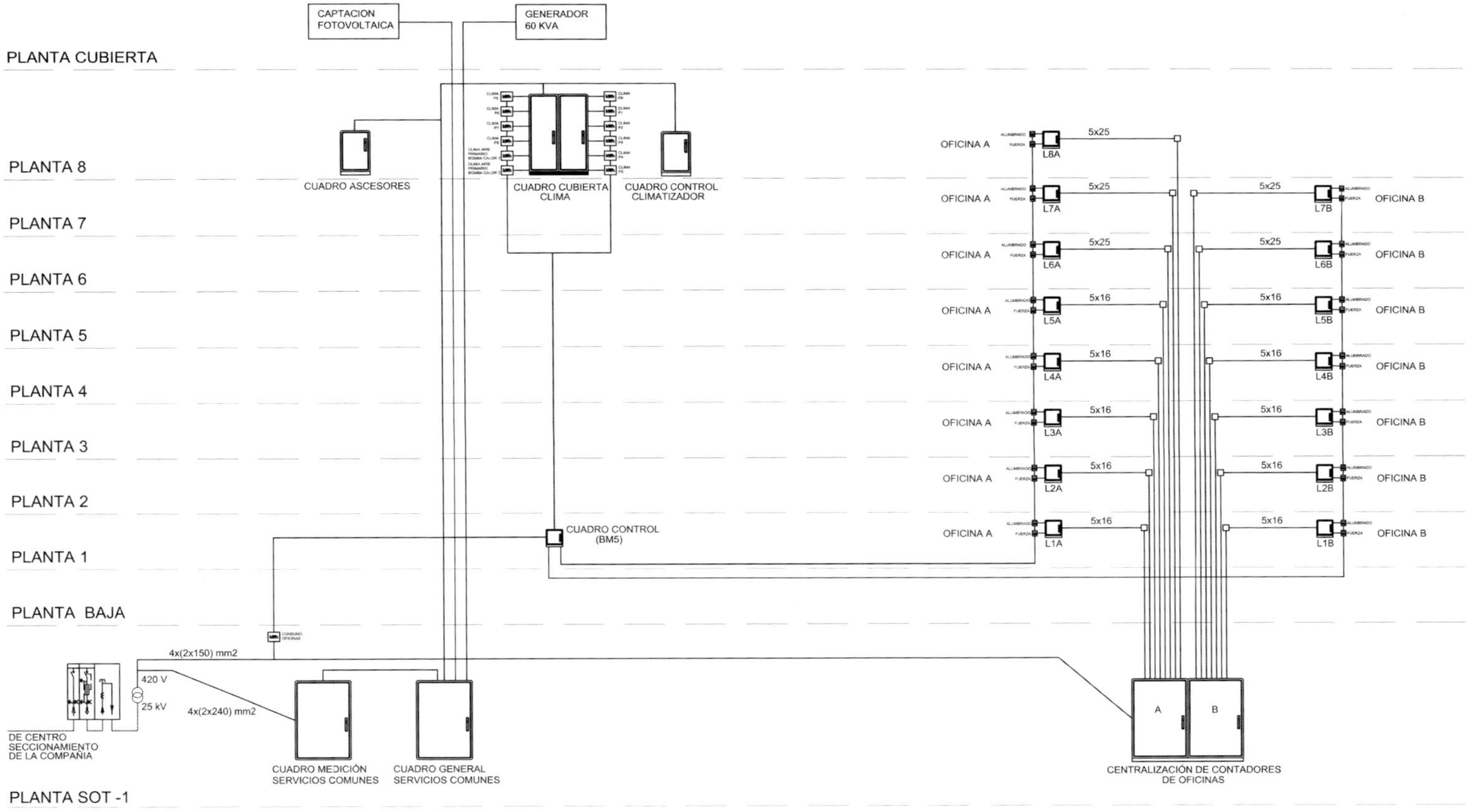

ESQUEMA BAJA TENSION

PLANTA CUBIERTA
PLANTA 8
PLANTA 7
PLANTA 6
PLANTA 5
PLANTA 4
PLANTA 3
PLANTA 2
PLANTA 1
PLANTA BAJA
PLANTA SOT -1

DE CENTRO SECCIONAMIENTO DE LA COMPAÑIA

420 V
25 kV

4x(2x240) mm2
4x(2x150) mm2

CUADRO MEDICION SERVICIOS COMUNES
CUADRO GENERAL SERVICIOS COMUNES
CUADRO ASCESORES

CAPTACION FOTOVOLTAICA
GENERADOR 60 KVA

CUADRO CUBIERTA CLIMA
CUADRO CONTROL CLIMATIZADOR
CUADRO CONTROL (BMS)

OFICINA A
OFICINA A
OFICINA A
OFICINA A
OFICINA A
OFICINA A
OFICINA A
OFICINA A

L1A   L2A   L3A   L4A   L5A   L6A   L7A   L8A
5x16 5x16 5x16 5x16 5x16 5x25 5x25 5x25

CENTRALIZACION DE CONTADORES DE OFICINAS
A   B

L1B   L2B   L3B   L4B   L5B   L6B   L7B
5x16 5x16 5x16 5x16 5x16 5x25 5x25

OFICINA B
OFICINA B
OFICINA B
OFICINA B
OFICINA B
OFICINA B
OFICINA B

Office Building and Auditorium 774. CERN

Prévessin-Moëns, France
Arch. Coauthor: Francesco Soppelsa
Arch. Coll: Guillermo Díaz, Carlos Maurette, Enzo Vignolo
Structure: Jordi Payola (BAC) / Engineering: DOPEC / Project Management: Xavier Pie
Photos ©: Francesco Soppelsa (p. 42-43), O. Mestre

The finally built version starts with the concept of understanding the building as a series of overlapping volumes that open up as a singular interpretation of the anagram of CERN, which is the interpretation of the atom, the core of the matter. Part of the ground floor of the building functions as a place open to the public (auditorium, cafeteria, private restaurant on the mezzanine) while, on the other wing that forms part of the ground floor, are the laboratories performing software that control the particle accelerators of the European Union. Between the two, an open space is created, "a black hole" with an entrance porch that should serve as a common access to both wings. The building is connected by two upper floors that hang as cantilevers over each other; these floors house the Management offices of the French part of the CERN. Finished in lightweight concrete (GRC) and one wing coated with black alucobond, the building has the status of Green Building. Except in the area open to the public, the building has no air conditioning, relying on the excellence of its construction.

La versión, finalmente construida, parte de entender el edificio como una serie de volúmenes superpuestos que se abren en singular interpretación del anagrama del CERN, que no es sino la interpretación del átomo, base de la materia. Una parte de la planta baja contiene las funciones de pública concurrencia del edificio (auditorio, cafetería, restaurante privado en el altillo) mientras, en la otra ala que conforma la PB, se ubican los laboratorios que realizan los programas informáticos que controlan los aceleradores de partículas de la Unión Europea. Entre medio, se genera un espacio abierto, "un agujero negro" con un porche de acceso que debe de servir de acceso común a ambas alas. El edificio queda cosido por dos plantas superiores que se asoman en voladizo, las unas sobre las otras y que albergan las oficinas de la dirección de la parte francesa del CERN. Acabado en hormigón aligerado (GRC) y recubierta un ala de alucobond negro, el edificio tiene la categoría de edificio verde (Green Building). Excepto en la zona de pública concurrencia, el edificio no dispone de climatización, confiando en la excelencia de su construcción.

The building started as that game, the one in which everyone puts one hand on the other, faster and faster and, ultimately, the tower crumbles when the rejoicing children end up hitting each other. In French *jeu et enjeu* (game and challenge) have the same origin and architects should never lose the ability to play. As we said in the opening speech on laying the first stone, artists in general and architects in particular, are all united, with the scientists, by mystery. There are no objective disciplines and subjective disciplines. As Albert Einstein said, in his search for the equation that would unite the gravitational and electromagnetic forces "the most beautiful thing a man can feel is the mysterious side of life. In it is the cradle of true art and science."

El edificio empezó como en ese juego de manos, en el que cada uno pone una mano sobre la anterior, cada vez más rápido y, al final, la torre se desmorona ante la algarabía infantil de todos pegándose contra todos. En francés *jeu y enjeu* (juego y reto) tienen una misma raíz y los arquitectos nunca deberíamos de perder la capacidad de jugar. Como dijimos en el discurso inaugural de colocación de la primera piedra, los artistas en general y los arquitectos, en particular, estamos todos unidos, con los científicos, por el misterio. No hay disciplinas objetivas y otras subjetivas. Como dijera Albert Einstein, en su búsqueda de la ecuación que uniese las fuerzas gravitatorias y las electromagnéticas "la cosa más hermosa que un hombre puede sentir es el lado misterioso de la vida. En él están la cuna del Arte y la ciencia verdadera".

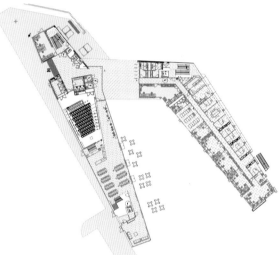

ground floor / planta baja

On this page and the next two, you can see various images of the building the cantilevered meeting rooms and the sunscreen stripes for sun protection that emphasize the horizontal condition of our proposal. Jokingly, during construction, we used to tell the Project Management, when he spoke of excellence of the Central European construction standards, that from now on, CERN would study black holes in the universe, in a white Mediterranean building made by men of the South.

En ésta y en la doble página siguiente, diversas imágenes del edificio en las que se aprecian las salas de reuniones en voladizo y las lamas de protección solar que remarcan la condición horizontal de nuestra propuesta. En broma, durante la obra, solíamos decirle al Project Management, cuando nos hablaba de excelencia de los estándares centroeuropeos de la construcción, que, a partir de ahora, el CERN estudiaría los agujeros negros del universo, en un edificio blanco y mediterráneo, hecho por hombres del sur.

Different floors of the building where you can perceive how they like to fly over each other... Nothing matches: the building vibrates like the electrons in an atom. Hence the orbital theory and the impossibility of knowing its exact position. All these thoughts are the basis of our project.

Plantas del edificio en las que se aprecian cómo vuelan las unas sobre las otras... Nada coincide: el edificio vibra como vibran lo electrones en el átomo. De ahí la teoría de los orbitales y la imposibilidad de saber su posición exacta. Todos esos pensamientos están en la base de nuestro proyecto.

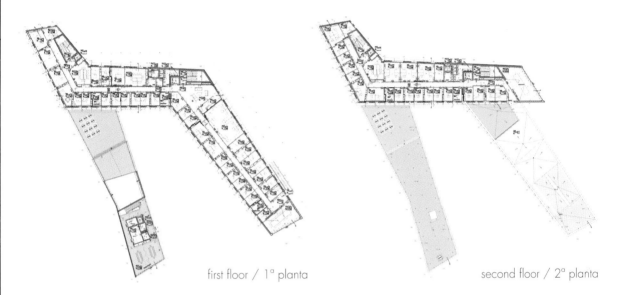

first floor / 1ª planta

second floor / 2ª planta

Textured or smooth, finished GRC façades serve as a projection screen to the shadows of the trees, as if it were a real solar clock.

Texturizado o liso, el GRC de acabado de las fachadas sirve de pantalla de proyección a las sombras de los árboles, como si se tratase de un auténtico reloj solar.

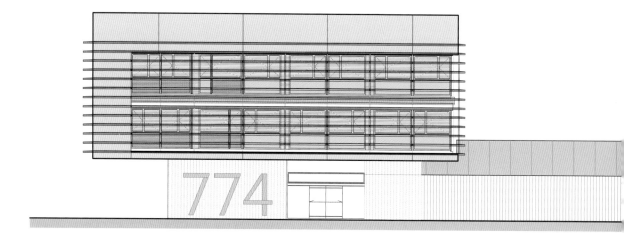

Opposite the CCC (CERN Control Center that Regulates the Nuclear Particle Accelerator) on a black aluminum podium housing the auditorium (smooth and engraved), the building seems to float in the air. Mirror effect window of the cafe on the terrace of the central patio, brining the set together, as an emptiness (matter is not composed in another way).

Frente al CCC (el Centro de Control de los Aceleradores de partículas) y sobre un pódium de aluminio negro que alberga el auditorio (ya liso, ya grabado), el edificio parece flotar en el aire. Efecto espejo del ventanal de la cafetería sobre la terraza del patio central que articula el conjunto, a modo de vacío (la materia no está compuesta de otra manera).

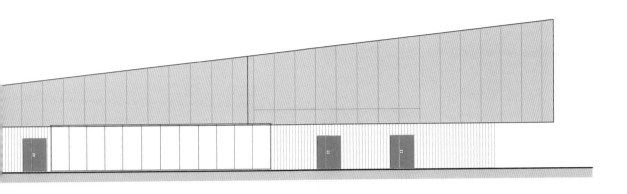

Image of the section that houses the auditorium and cafeteria and in the background the part used for the Management offices at CERN. A cantilevered back wall, where you can observe the overlapping strips and the finishing in GRC of the façades.

Imagen del cuerpo que alberga el auditorio y la cafetería, con la parte destinada a las oficinas de la dirección del CERN, al fondo. Testero en voladizo, en el que se aprecia las lamas superpuestas y el acabado en GRC de las fachadas.

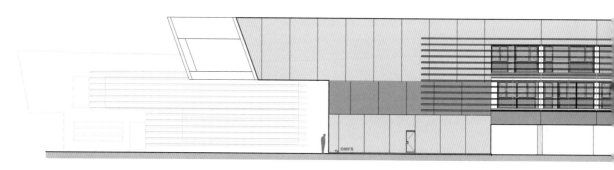

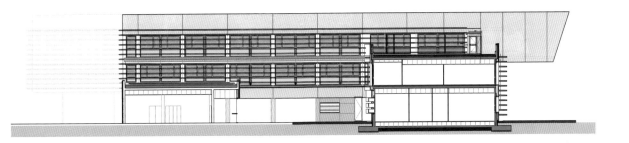

From the building, located near the Geneva airport, in the background you have a great view of the Jura mountains covered in snow during the winter.

Shadows, always shadows... architecture is always this magnificent game of volumes under the light, said by Le Corbusier, and the fight (sometimes praise) of the shadows... therefore so often layouts tell us nothing, the way in which, for the same distribution, one can imagine various very different creations.

El edificio, situado muy cerca del aeropuerto de Ginebra, tiene, en invierno, las montañas del Jura nevadas, como telón de fondo.

Las sombras, siempre las sombras... la arquitectura es siempre ese *juego magnifico de los volumen bajo la luz*, que dijera Le Corbusier, y esa lucha (a veces, elogio) de las sombras... Por eso, con frecuencia, un plano no nos cuenta nada, de la manera en la que, para una misma distribución, uno puede imaginar formalizaciones bien diversas.

The building is designed according to the principles of the "Passive House". The roof covered with vegetation of the part open to the public (ERP, in French), melting with the landscape. The roof was made by Viveros del Ter, and the rest of the companies involved in the project were all Spanish companies that we coordinated at the building site. While Preinco and Aluvisiles were responsible for the façade, Isolux was in charge of the installations and Adiva, Caditasa, Asvall, Arnela i Coll, Mefuster, FDesign and MCD of the interiors. The French company Gojon handled the earthmoving.

El edificio está concebido según los principios del "Passive House". La cubierta vegetal del cuerpo de pública concurrencia (ERP, en francés), hace que se confunda la cubierta con el paisaje. La cubierta ha sido realizada por Viveros del Ter, así como el resto de las empresas que han participado en el edificio fueron todas ellas, empresas españolas que coordinamos nosotros, en obra. Mientras Preinco y Aluvisiles son responsables de la fachada, Isolux hizo las instalaciones y Adiva, Caditasa, Asvall, Arnela i Coll, Mefuster, FDesign y MCD los interiores. Del movimiento de tierras se encargó la francesa Gojon.

The back wall which hosts the meeting room, suspended from huge main beams of pre-stressed edges, hidden behind the parapets of the roof. The parapets rising a bit over it, a little as Le Corbusier did in La Tourette (in our case, to avoid seeing the solar panels at street level).

Central courtyard covered in snow (snow has a special magic for men of the south, they are not used to it). And in the middle of the courtyard, trees... saving the trees has been a fundamental project decision. They were there before we got there, trees provide shade in the summer (I witnessed that there can be very hot days in Geneva), obscure the view of the neighbor transformation center, located across the street, muffles the continuous noise of the transformers and, in winter, the trees serve as a contrast due to its verticality with the horizontality of the building.

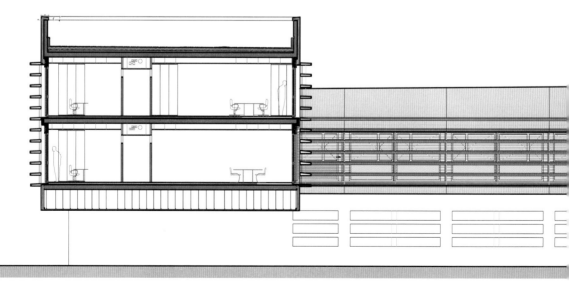

Testero que alberga la sala de reuniones, suspendido desde unas enormes jácenas de canto pretensadas, disimuladas tras los antepechos de la cubierta. Los antepechos se levantaron más de la cuenta, un poco como lo hiciera Le Corbusier en la Tourette (en nuestro caso, para evitar ver las placas solares, a nivel de calle).

Patio central nevado (la nieve tiene, para los hombres del sur, una magia especial, al no estar acostumbrados a ella). Y en mitad del patio, los árboles... Salvar esos árboles ha sido una decisión fundamental del proyecto. Estaban antes de que llegáramos nosotros, dan sombra el verano (doy fe de que en Ginebra hay días en los que hace mucho calor), enmascaran la vista del centro de transformación vecino, emplazado del otro lado de la calle, amortiguan el ruido continuo de los trasformadores y, en invierno, sirven de contrapunto, con su verticalidad, a la horizontalidad del edificio.

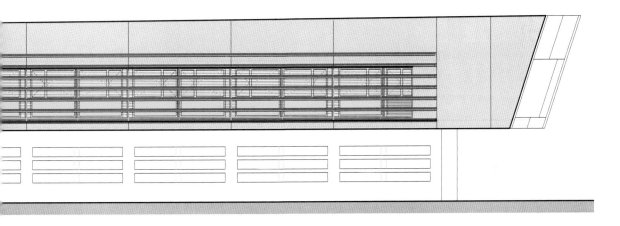

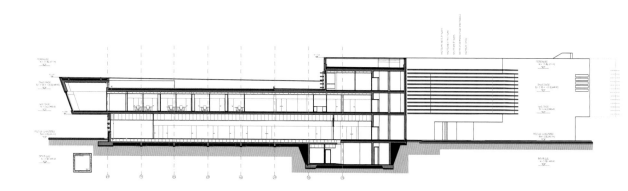

Night falls … CERN, with 14,000 employees is getting empty and the place becomes enigmatic. The trees and the building reinforce the surrealistic state.

The aspect of the porch, open to the central patio, meant to be the authentic meeting place. Emphasize on the illumination of the false ceiling, arranged at random, as random is the position of the electron in the orbital theory.

Cae la noche… el CERN, en el que trabajan 14.000 personas se vacía y el lugar se vuelo enigmático. Árboles y edificio refuerzan, entonces, su condición fantasmagórica.

Aspectos del porche, abierto sobre el patio central, entendido como auténtico lugar de encuentro. A destacar la iluminación del falso techo, dispuesta de forma aleatoria, como aleatoria es la posición del electrón en la teoría de los orbitales.

The back wall which houses the VIP restaurant, for special visits such as heads of state and Nobel Prize winners. The structure rises to obtain a second height, allowing the middle part where the cafeteria is to develop in a double ascending height. This is a similar solution we did in the apartments of Toulouse or in the House of San Feliu de Codines, the first one we built in the year 1989. It is funny how, working as an architect, is always going back to the same issues that we care about and a few solutions that we know will work.

Testero que alberga el restaurant VIP, para visitas de excepción, jefes de estado y premios Nobel. El cuerpo se levanta para ganar una segunda altura, lo que permite que el espacio intermedio de la cafetería se desarrolle en una doble altura ascendente. Una solución similar a la que ya hiciéramos en los apartamentos de Toulouse o en la Casa de San Feliu de Codines, la primera que construimos, en el año 89. Es curioso como, trabajar de arquitecto, es volver siempre a los mismos temas que le preocupan a uno y a unas pocas soluciones que uno sabe que funcionan.

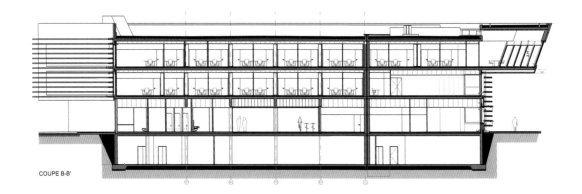

COUPE B-B'

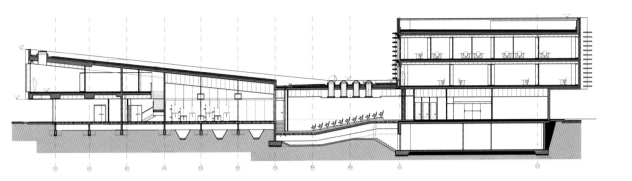

Section around the auditorium (the slope serves as a counterpoint to the inclined roof) and various images of the meeting room and conference room. The auditorium furniture has been provided by the Italian company Estel.

Sección por el auditorio (la pendiente sirve de contrapunto a la de la cubierta inclinada) y diversas imágenes de la sala de reuniones y de la sala de conferencias. El mobiliario del auditorio ha sido facilitado por la empresa italiana Estel.

Images of the concrete stairs, with iron railings of Corten steel and suspended lamps. Image of one of the corridors of the office floors (doors are leveled with the partitions, while leaving an upper casing to allow the natural light to get in from both façades. The image of the cafeteria and the bar has furniture designed by us.

Imágenes de la caja de escaleras en hormigón visto, con sus barandillas de plancha en acero corten y sus lámparas suspendidas. Imagen de uno de los pasillos de las plantas de oficinas (las puertas se enrasan con las mamparas, mientras dejan una tarja superior para permitir iluminarlos con luz natural, desde ambas fachadas. Imagen de la cafetería y del bar con el mobiliario diseñado por nosotros.

Bâtiment 3862. CERN

Ferney-Volraire, France
Arch. Coauthor: Francesco Soppelsa
Arch. Coll: Guillermo Díaz, Carlos Maurette
Photos ©: Francesco Soppelsa

Fruit of a larger order, the 774 building, and through the BOMA engineering, today called BAC, now approved as external consultancy services company on structures, the building project 3862 (at CERN each building has its number) houses offices and storage of an adjacent building to which it is attached. This should have been a building without architecture, as we were told, but it is clear that buildings are not architecture but have architects who care about them. It was decided to finish the building at skin level with a metal plate and an unique prototype window, with the intention of reducing costs, although its respective random position gives it, as a whole, a certain vibration. The gaps in the meeting room, staircase and the access door, help to create the asymmetry of the set. It is agreed that to make the third floor but not to use it, in anticipation of future growth.

Fruto de otro encargo mayor, el edificio 774 y a través de la ingeniería BOMA, hoy denominada BAC, que ha sido homologada como consultor externo de estructuras, el proyecto del edificio 3862 (en el CERN cada edificio tiene su número) alberga oficinas y almacenes de otro edificio contiguo al que se adosa. Este debía de ser un edificio sin arquitectura, como se nos dijo, pero es evidente que los edificios no tienen arquitectura, si no tienen arquitectos que se preocupen por ellos. El edificio se resuelve, a nivel de piel, en plancha metálica y un único prototipo de ventana, con la intención de abaratar costes, aunque su respectiva posición aleatoria otorga al conjunto una cierta vibración. Los huecos de la sala de reuniones, la escalera y la puerta de acceso, ayudan a configurar la asimetría del conjunto. La planta tercera se plantea sin uso, en previsión del futuro crecimiento.

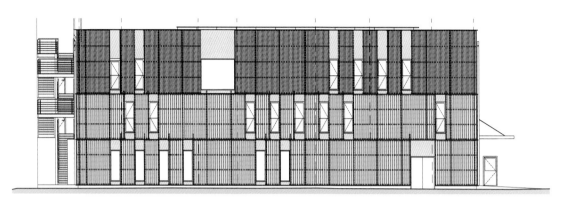

Different images of various types of plates cladding the building as a kind of patchwork. Highlight the large splayed window of the future meeting room on the top floor. Elevation and floor (with overlapping structure) showing that joining services and stairs allows the rest of the floor to be unoccupied.

Diversas imágenes de los distintos tipos de chapa con las que se aplaca el edificio a modo de patchwork. A destacar la gran ventana abocinada de la futura sala de reuniones de la planta superior. Alzado y planta (con superposición de la estructura) en la que se aprecia cómo, el agrupar servicios y escaleras, permite dejar el resto de la planta libre.

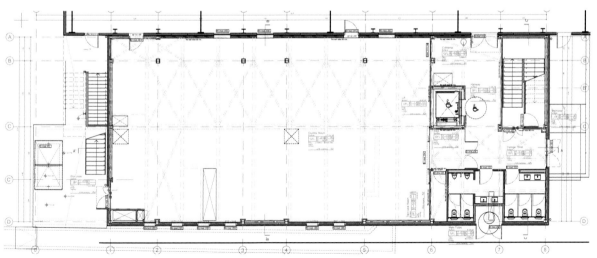

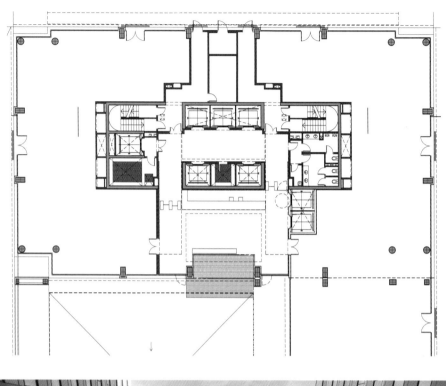

B3 Tower, Diagonal Mar

Barcelona, Spain
Arch. Coauthor: COBLONAL ARQUITECTURA
Arch. Coll: Guillermo Díaz, Josep Ribas
Photos ©: O. Mestre

The result of having won a restricted request for tenders carried out with Coblonal Architecture, the proposal redefines the common areas of a prematurely aged building, by changing the connection with the outside patio and redefining the ground floor lobby, standard hallway floors and toilets, which have access from the common area. The proposal has a two versions to improve energy efficiency, what we proposed, among other measures, is a double door access on the ground floor, as well as new luminaries of LED technology and bathrooms with less water consumption, while we redesigned the skins of floors, ceilings and walls. Highlight the metal plates of anodized aluminum in titanium color, ceramics that will overlap existing coatings to minimize the work (the renovation will be done while the building is occupied), lamp with backlit tauten fabric, designed to occupy the central space of the hall, the great nuvola, which changes color according to the seasons and welcomes us ... and the light box in backlit lacobel, in which the elevator core is transformed by integrating the reception unit. Under the motto *"Emotional season Building"* makeover is based on new technologies, playing with touch screens, integrated music and aromatherapy spread by air conditioning ducts (the view is not the only sense to take into account to make us feel good in a building). The completion of construction is scheduled for May 2016, when this book will be published.

Fruto de haber ganado un concurso restringido realizado con Coblonal Arquitectura, la propuesta redefine las zonas comunes de un edificio envejecido prematuramente, cambiando la relación con el patio exterior y redefiniendo el vestíbulo de planta baja, los vestíbulos de planta tipo y los aseos, que tienen su acceso desde la zona común. La propuesta tiene una doble variante de mejora de la eficiencia energética, para lo que se propone, entre otras medidas, una doble puerta de acceso en planta baja, así como nuevas luminarias de tecnología LED y sanitarios con un menor consumo de agua, al tiempo que rediseñamos las pieles de suelos, techos y paredes. A destacar las planchas metálicas de aluminio anodizado color titanio, la cerámica que se superpondrá a los revestimientos existentes, para minimizar la obra a llevar a cabo (las obras de reforma se harán con el edificio ocupado), la lámpara de tela tensada retro iluminada, diseñada para ocupar el espacio central del hall, la gran *nuvola*, que cambia de color, según las estaciones y nos da la bienvenida… y la caja de luz, en lacobel retro iluminado, en la que se transforma el núcleo de ascensores, integrando el mueble de recepción. Bajo el lema *"Emotional season Building"* el cambio de imagen se apoya en las nuevas tecnologías, jugando con pantallas táctiles, música integrada y aromaterapia difundida por los conductos de aire acondicionado (la vista no es el único sentido a tener en cuenta a la hora de hacer que nos sintamos bien en un edificio). La finalización de las obras está prevista para mayo del 2016, en el que aparecerá este libro.

3D entrance to the building (from the courtyard), the lobby on the ground floor (where you can see the light box integrated with the reception furniture) and the elevators lobby, located behind reception. The project is finished with the fewest possible materials, within the same range of color and using light as fundamental working material.

3D de la entrada al edificio (desde el patio), del vestíbulo en planta baja (en el que se ve la caja luminosa que integra el mueble de recepción) y del vestíbulo de ascensores, situado tras la recepción. El proyecto se resuelve con el menor número de materiales posible, dentro de una misma gama de color y usa la luz como material fundamental de trabajo.

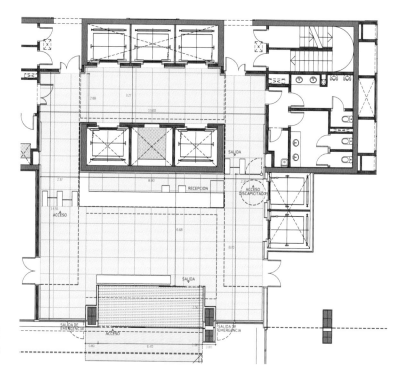

entrance hall
hall de acceso

A light box. A reception which is a lamp (2015)

The last example that we present here corresponds to a restricted tender process we won to refurbished the common areas of the 14 floors of the B3 Tower at the Barcelona Forum. The need to introduce a double door without invading the public yard moved us to integrate the reception furniture next to the lift boxes and to cover the whole thing with a translucent opaline glass which, if conveniently lighted, morphs into a light box. The initial design was modified to fit in the scanner.

Una caja de luz. Una recepción que es una lámpara (2015)

El último ejemplo que presentamos corresponde a un concurso restringido ganado para reformar las áreas comunes de las 14 plantas de la Torre B3, situada en el Forum de Barcelona. La necesidad de poner una doble puerta sin invadir el espacio público del patio nos llevó a integrar el mueble de recepción junto a las cajas de ascensores y forrar todo el conjunto con un cristal traslucido opalizado que, convenientemente iluminado, se transforma en una caja de luz. El diseño inicial se modificó para incorporar el escáner.

Image of the floor lobbies and bathrooms, already rehabilitated. With the least possible work, we doubled the number of toilets in the bathrooms (men), while we redefined a more sober image, using the same finishing material, continuous luminous profiles and hand dryers, built in the sinks, to avoid making the floor wet while drying the hands. Highlight the signage project coordinated from the office by Josep Ribas, and the new logo and its applications designed by Nadia Rodriguez Ledezma.

Imagen de los vestíbulos de planta y de los lavabos, ya rehabilitados. Con la menor obra posible, doblamos el número de inodoros de los lavabos (hombres), al tiempo que redefinimos una imagen más sobria, a base de un mismo material de acabado, perfiles luminosos continuos y seca manos, integrados en las propias picas, para evitar mojar el suelo, al secarnos. A destacar el proyecto de señalética coordinados desde el despacho por Josep Ribas y el nuevo logo y sus aplicaciones diseñado por Nadia Rodriguez Ledezma.

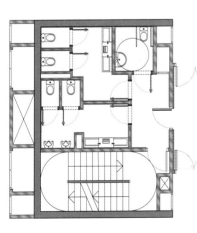
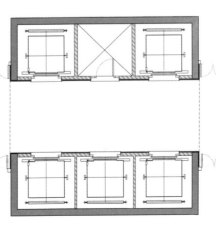
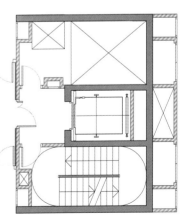

Façade in Travessera de Gràcia 18-20

Barcelona, Spain
Arch. Coll: Guillermo Díaz

When we make a new building for rental offices, we are in charge. When, as is the case, we are invited to submit a proposal to change the façade and do not know the interior layout that already exists, the building is in charge, and we are forced to make a new curtain wall, respecting the current partition of the building to avoid conflict with the building occupants. This suggests to give up all ownership, act with humility, and repeat what is there already … but well done. That is, looking for a high performance double glazing (untainted glass, low emissivity and good solar factor) and aluminum frames with thermal bridge breakage, the highest possible energy efficiency. First, to comply with current regulations (as specified by the CALENER-GT mandatory program) and second, to reduce energy consumption, both winter heating and summer cooling. We therefore propose a new curtain wall manufactured by the company Cortizo, the ST-2 with windows projecting to the outside. The advantage of this system is that the metal shape is much less apparent, leaving barely a 2 cm gap between windows. The inner support profile is 52 mm, against which the dividing partitions will hold up, alongside the existing framework. We propose the metalwork to be in anodized aluminum, color to be decided among the residents (equal price) depending on whether they want to accentuate the building or it to go unnoticed. Pending implementation.

Cuando hacemos un nuevo edificio de oficinas de alquiler mandamos nosotros. Cuando, como es el caso, se nos invita a presentar una propuesta de cambio de fachada y no sabemos la distribución interior que ya existe, manda el edificio actual y nos vemos obligados a hacer un nuevo muro cortina, respetando las particiones que tenga el edificio, actualmente, para no entrar en conflicto con los ocupantes del edificio. Esto nos sugiere renunciar a todo protagonismo, actuar con humildad y repetir lo que ya tenemos… pero bien hecho. Es decir, buscando con un doble acristalamiento de altas prestaciones (cristales no tintados, de baja emisividad y con un buen factor solar) y con carpinterías de aluminio con rotura de puente térmico, la mayor eficiencia energética posible. Primero, para cumplir la normativa vigente (según especifica el programa CALENER-GT de cumplimiento obligatorio) y, después, para disminuir el consumo energético, tanto de calefacción en invierno, como de refrigeración en verano. Proponemos, pues, un nuevo muro cortina de la casa Cortizo, el ST-2 con ventanas proyectantes hacia fuera. La ventaja del sistema es que la perfilaría metálica aparente es mucho menor, dejando, apenas, una rendija de 2 cm ente cristales. El perfil de apoyo interior es de 52 mm, contra el que se atracarán las mamparas divisorias, pasando por delante del forjado existente. La carpintería metálica se propone en aluminio anodizado, color a consensuar con la comunidad de vecinos (el precio es equivalente) en función de si se quiere remarcar el edificio o hacerlo pasar más desapercibido. Pendiente de ejecución.

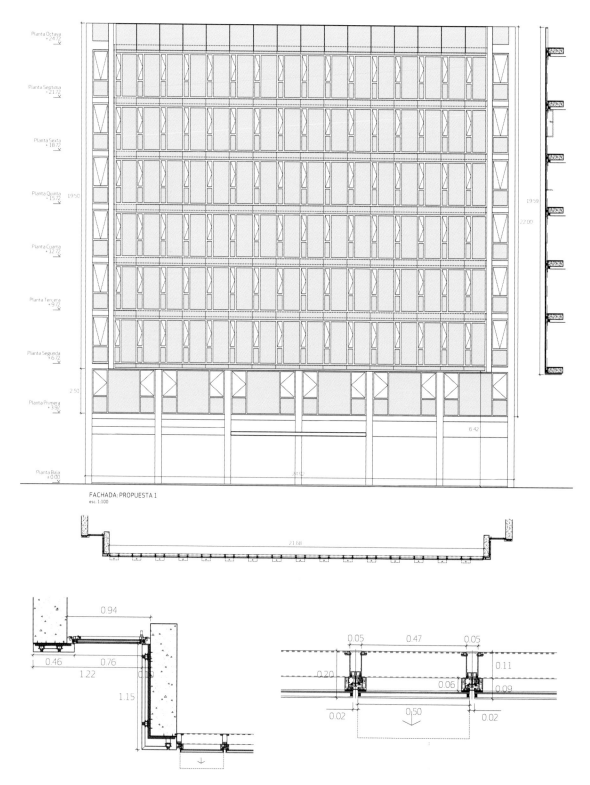

Planta Octava
+ 24.72

Planta Séptima
+ 21.72

Planta Sexta
+ 18.72

Planta Quinta
+ 15.72

Planta Cuarta
+ 12.72

Planta Tercera
+ 9.72

Planta Segunda
+ 6.72

Planta Primera
+ 3.92

Planta Baja
+ 0.00

19.50

2.50

19.59

22.00

6.42

FACHADA: PROPUESTA 1
esc. 1:100

21.68

0.94

0.46   0.76
1.22

1.15

0.05   0.47   0.05

0.20   0.11

0.06   0.09

0.02   0.50   0.02

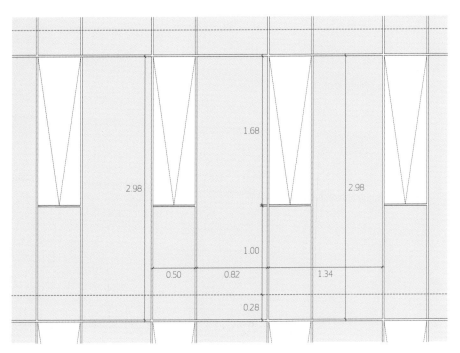

2.98

1.68

2.98

1.00

0.50   0.82   1.34

0.28

On the previous page and in b/w, curtain wall images of the sixties, still existing and to be replaced, in color, 3D façade. On this page, removal of the façade, floor and details of the projecting elements.

En la página anterior y en b/n, imágenes del muro cortina de los años sesenta, existente en la actualidad a sustituir y, en color, 3D de la fachada. En esta página, levantamiento que hemos efectuado de la fachada, planta y detalles de los elementos proyectantes.

Geoda Building in Travessera / Amigó

Barcelona, Spain
Arch. Coll: Manu Pineda (preliminary project)
Carlos Maurette (Project and Director of works)
Structure: Javier Monte / Engineering: OTP / Project Management: Xavier Pie & Oriol Castillo
Photos ©: Jordi Miralles, O. Mestre (Photos of the current state)
Video ©: María Suay

Renovation of a former office building, that actually are two, located at the junction between Travesera de Gràcia and Amigó, without change of use. Both buildings have separate pedestrian access, even if they share a four-storey underground parking to which access is at the worst point, in order to preserve Travesera corner for commercial use. As it is an office building for rental (each tenant will perform its own creation, according to their needs) the most important endeavor is focused on the transformation of the street façade, for which we proposed a window skin of 16cm mass and 1.8 tons/ml, alternating with a conventional curtain wall, resulting in a varying degree of transparency within the building. Various metallic wings cover the entire façade, as if it were the veins of the building, jumping from floor to floor, to dematerialize the idea of the building, understood as a superposition of horizontal working surfaces that will illuminate at night, by a system of led to show that the building as any building, is (or should be) a living being.

Reforma de un antiguo edificio de oficinas, que de hecho son dos, en el cruce de Travesera de Gràcia-Amigó, sin cambio de uso. Ambos edificios disponen de accesos peatonales independientes, por más que comparten un mismo parking subterráneo de cuatro plantas cuyo acceso está en el punto más desfavorable, para preservar la esquina a travesera con uso comercial. Como se trata de un edificio de oficinas de alquiler (cada usuario se hará su propia implantación, acorde a sus necesidades) el esfuerzo más importante se concentra en la transformación de la fachada a la calle, para la cual propusimos una piel de cristal en masa de 16 cm y 1,8 toneladas/ml, alternada con un muro cortina convencional, lo que genera diversos grados de transparencias en el interior del edificio. Diversas alas metálicas recorren la fachada, como si se tratase de las venas del edificio, saltando de planta en planta, para desmaterializar la idea del edificio, entendido como superposición de planos horizontales de trabajo y que se iluminarán, de noche, por un sistema de leds, para demostrar que el edificio, como todo edificio, es (o debería de ser) un ser vivo.

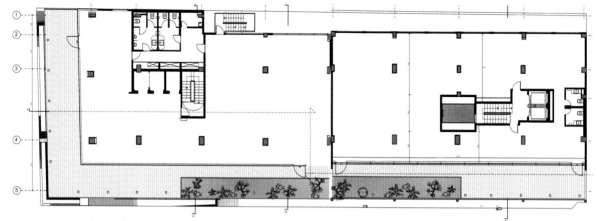

floor terraces (eighth and seventh) / planta terrazas (octava y séptima)

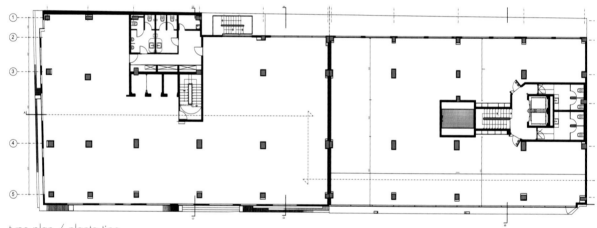

type plan / planta tipo

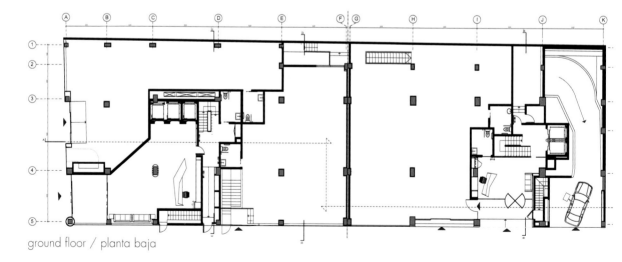

ground floor / planta baja

64

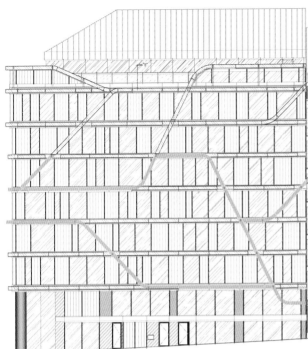

facade carrer d'Amigó

watch the video

Proposed elevation and video on the construction process by Maria Suay, interviewing the protagonists. Below, old façade of the 70s made of polyurethane plates, which we found when taking charge of the project.

Alzado propuesto y vídeo sobre el proceso de construcción realizado por Maria Suay, entrevistando a los protagonistas. Abajo, antigua fachada de los años 70, a base de planchas de poliuretano que nos encontramos al hacernos cargo del proyecto.

Ground floor (with access to both buildings and parking), standard floor (which can be divided into a maximum of two units for each main access) attic under the roof, holding back from the façade plane.

Planta baja (con los accesos a ambos edificios y al aparcamiento), planta tipo (susceptible de ser dividida en un máximo de dos unidades por cada núcleo de accesos) y planta ático, bajo cubierta, retrasada respecto del plano de fachada.

Process of strengthening the framework to withstand overweight of the cantilevered façade, extension of elevator shafts (to improve the vertical communication of the building the new elevators need other dimensions) and a Vierendeel beam with which to come down the nine floors of the Amigo building and allow the first section of the parking ramp to get out by the next supporting walls (from a slope of 26 to one of 18%).

Proceso de refuerzo de los forjados para aguantar el sobrepeso de la fachada en voladizo, ampliación de los huecos de ascensores (para mejorar la comunicación vertical del edifico, los nuevos ascensores necesitan de otras dimensiones) y viga Vierendeel con la que apear las nueve plantas del edificio de Amigo y permitir al primer tramo de la rampa del aparcamiento salir por la crujía siguiente (pasando de un 26 a un 18% de pendiente).

Images of disassembly and assembly of the new façade, made with mobile cranes, from the street and a bridge scaffold for finishing.

Imágenes del desmontaje y montaje de la nueva fachada, realizada con grúas móviles, desde la calle y un andamio puente, para los remates.

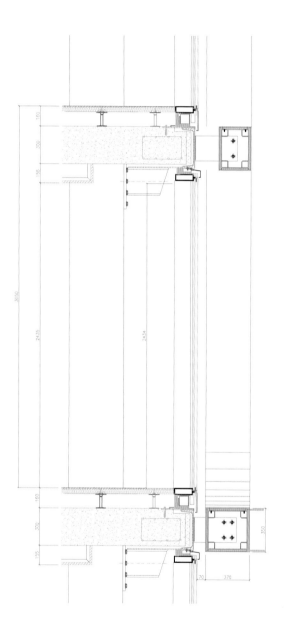
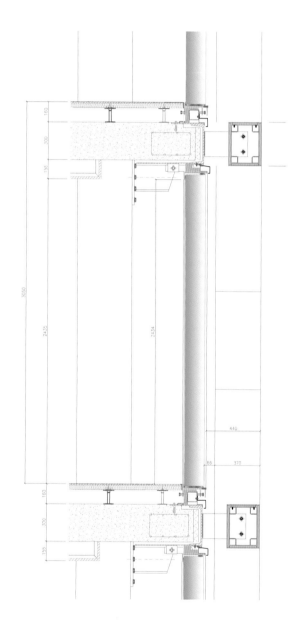

1/1 scale model of the matching of both types of glazing. Detail of the elevation and vertical sections where you can see the raised floor, false hold back roof, with the curtain rods on the façade, with the idea of decreasing the edge (for outward appearance) and the varying thickness of the stripes that overlap the building. The air conditioning goes through some boxes built for this purpose, separate from the façades along the first supporting pillars, and the pillars are made thicker with drywall to make sure air returns, which facilitates the subsequent compartmentalization (we will never guess where the tenant will want to put their partition walls).

Maqueta a escala 1/1 del encuentro de ambos tipos de acristalamiento. Detalle del alzado y secciones verticales en las que se ve el falso suelo, el falso techo retrasado, con el cortinero en fachada, de cara a disminuir el canto (en su apariencia a la calle) y el diverso grosor de las cintas que se superponen al edificio. La climatización pasa por unos cajones construidos a tal efecto, separados de las fachadas, junto a la primera crujía de pilares, así como los pilares se regruesan en pladur para integrar los retornos del aire, lo que facilita la posterior compartimentación (nunca adivinaremos dónde el inquilino querrá poner sus mamparas divisorias).

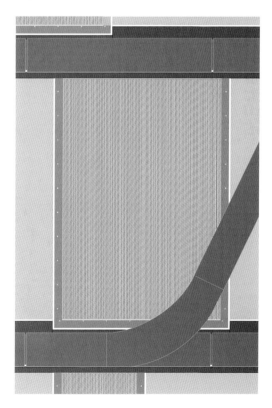

There are only a few things we architects like more than visiting the factories that make our designs and also make them possible (and often improve them significantly). Images of Cristal-Glass in Teruel, storage and thermo glass welding, as well as of customized parts, with its manufactured steel frames loaded onto the truck. Given the extraordinary weight, each truck arrived at the work site with up to 10 ml of façade, which ended up showing us the enormity of what we had projected. We did it, *because we did not know we could not do it...*

Pocas cosas nos gustan tanto a los arquitectos como visitar las fábricas que realizan nuestros diseños y los hacen posibles (y, con frecuencia, los mejoran, notablemente). Imágenes de Cristal-Glass en Teruel, del almacenamiento y del termo soldado de los vidrios, así como de las piezas a medida, con sus marcos de acero que se hicieron y cargaron en camión. Dado el extraordinario peso, cada camión llegaba a obra con un máximo de 10 ml de fachada, lo que nos acabó de confirmar la desmesura de lo que habíamos proyectado. Lo hicimos, *porque no sabíamos que no podíamos hacerlo...*

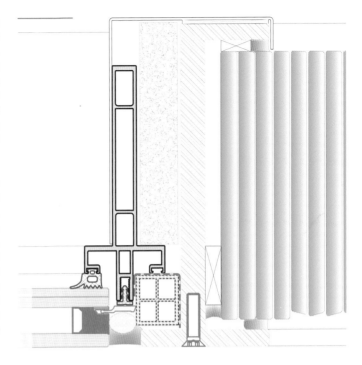

On this page, the "mise en oeuvre" the installation and construction details of the event, with the steel framing serving as support.

En esta página, la *"mise en oeuvre"*, colocación en obra y detalle constructivo del encuentro, con el perfil de acero que sirve de sujeción.

Frontal Image and in perspective of the façades of both buildings, although the building Amigó is fixed with a conventional curtain wall, stripes pass from one to another, to show the continuity of the project.

Imagen frontal y en escorzo de las fachadas de ambos edificios. A pesar de que el edificio Amigó se soluciona con un muro cortina convencional, las cintas pasan de uno a otro, para mostrar la continuidad de la intervención.

The following double pages show the back wall in day light and twilight, seen from the opposite building. In front of each of the pillars the geode glass disguising them. At night you can see the depth of the empty free floors. Behind the gondola you can perceive the floor facilities (not only every building has separate facilities, but every half floor, in order to not have to use all the facilities, should it be in marketing stage or on weekends. Perspective view (with all building lights on) and night view when only the overlapping stripes are lit.

En las dobles páginas siguientes, testero de día y al caer crepúsculo, visto desde el edificio de enfrente. Delante de cada uno de los pilares se dispone de vidrios geoda que los enmascaran. De noche, se aprecia la profundidad de las plantas libres vacías. Tras la góndola se intuye la planta de instalaciones (no sólo cada edificio dispone de instalaciones independientes, sino cada media planta, de cara a no tener que utilizar la totalidad de las instalaciones, en caso de estar en fase de comercialización o en fines de semana. Vistas en escorzo (con todo el edificio encendido) y vistas nocturnas, cuando sólo quedan encendidas las venas superpuestas.

The previous pages shows the access to the Travessera lobby, with glass that enters and continues along the wall, at double height, and wood panels repeating the effect concealing the technical rooms, electrical meters and access to the escape route. In this page, interior view and elevation of the building Amigó.

En la doble página anterior vestíbulo de acceso a Travessera, con el vidrio que entra y continua por la pared, a doble altura, y el paneleado en madera que repite el efecto y disimula los cuartos técnicos, contadores y el acceso a la vía de evacuación. En ésta, vista interior y alzado del edificio Amigó.

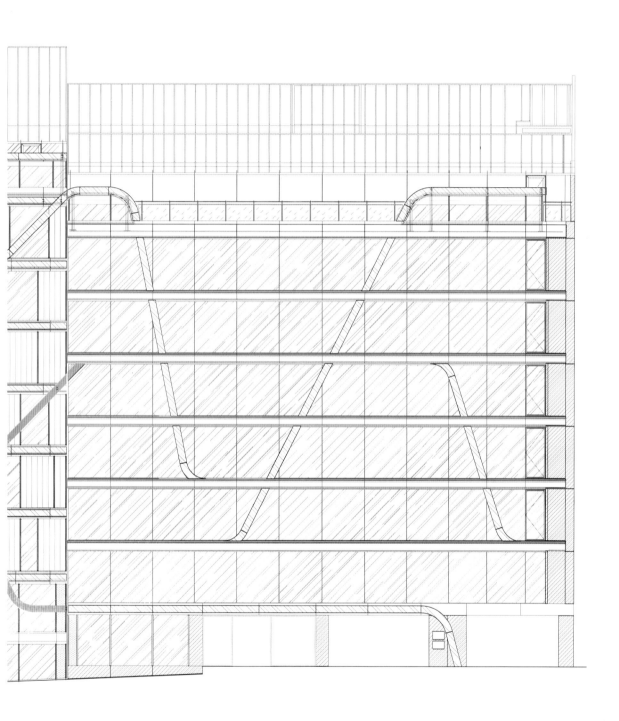

Offices interior, "geode" glass effect, seen from within, free floor, entrance hall (to be built only in the case of two tenants per floor) and bathrooms using the same glass as on the façade, but with another thickness, not needing the same acoustic and thermal requirements as façade glasses.

Interior de las oficinas, efecto del cristal "geoda", visto desde dentro, plantas libres, vestíbulo de acceso (a construir, sólo en el caso de dos inquilinos por rellano) y baños en los que se juega con la misma solución del vidrio de fachada, pero con otro grosor, al no necesitar los mismos requerimientos acústicos y térmicos que los vidrios de la fachada.

Amigó Building: several images of the ground floor lobby. As space was not big enough to put a double door, we installed a revolving door. Furniture designed for the occasion, and emergency staircase.

Edificio Amigó: Imágenes varias del vestíbulo en planta baja. Como el espacio no daba físicamente, para colocar una doble puerta, colocamos una puerta giratoria. Mueble diseñado para la ocasión y escalera de emergencia.

The Travessera Reception... where wood wants to become crystal (2013)

Being a building understood as a geode made by a mass of laminar crystal which even come inside configuring lobbies and toilets, the piece of furniture repeats, with wooden stripes, a similar effect to that of a tectonic fold. The piece and the background wall –which dissimulates the cupboards, the meters rooms and the access to the emergency exit way- is panelled following an identical principle to not leave it alone. Each time it is more important to know what should be integrated into the piece of furniture (above all, at the level of the TV controls and the control panels) to design the whole part which is not showing and which can, given the case, ruin the desired image.

La recepción de Travessera... donde la madera quiere ser cristal (2013)

Tratándose de un edificio entendido como una geoda, a base de cristales laminares en masa que incluso entran en el interior configurando vestíbulos y baños, el mueble repite con tiras de madera un efecto similar como de pliegue tectónico. El mueble y la pared del fondo -que disimula los armarios, cuartos de contadores y el acceso a la vía de evacuación protegida- se panela con idéntico principio para no dejarle solo. Cada vez es más importante saber qué debe de integrarse en el mueble (sobre todo, a nivel de monitores de televisión y paneles de control) para diseñar toda la parte que no es aparente y que puede, llegado el caso, tirar al traste la imagen deseada.

The Reception of the Amigó building. To make more with less (2013)

Conceived as its *younger brother* (the building was meant to be rented out at a more economic prize and perhaps, because of that, it has been commercialised faster), the counter was meant to be inserted between the emergency stairs and the entrance to the building that, in this case, is solved by a round door, since there is not enough space materially, to introduce a double door in it (a compulsory condition in order to obtain the energetic certificates required by the owner). On both counters hang a series of lights (the model Moser of Casa Madular provided by Ca2L) which for us are already a sign of our brand, an identity badge.

La recepción del edificio Amigó. Hacer más con menos (2013)

Concebido como su *hermano menor* (el edificio debía de alquilarse a un precio más económico y, quizás por eso, se ha comercializado, también, más rápidamente), el mostrador debía de inquibirse entre la escalera de emergencia y la entrada al edificio que, en este caso, se resuelve mediante una puerta circular, al no haber espacio material para ubicar una doble puerta (condición obligatoria para la obtención de los certificados energéticos requeridos por la propiedad). Sobre ambos mostradores, se cuelgan una serie de luminarias (el modelo Moser de la Casa Modular suministrada por Ca2L) que ya son, para nosotros, una marca de la casa, una seña de identidad.

Rooftop terraces visually doubled in size with a system of mirrors. Rooftop gardens filled with native vegetation, which justifies the recovery of rainwater for irrigation. The gray water is purified, stored and used to flush toilets.

Parking images with new signage and giant photograph to suggest that we enter a lush beech forest (the *Fageda d'en Jordà*). In basement -1, there is a parking for bicycles and changing rooms to encourage the use of non-polluting vehicles. Recharging of electric cars is also foreseen.

Terrazas de la azotea que doblamos, visualmente, con un sistema de espejos. En la azotea un jardín de vegetación autóctona, permite justificar la recuperación de las aguas pluviales para su riego. Las aguas grises, se depuran, almacenan y se utilizan para las descargas de los inodoros.

Imágenes del Parking con la nueva señalética y la fotografía gigante para sugerir que penetramos en un frondoso hayedo *(la Fageda d'en Jordà)*. En el sótano -1, se ha dispuesto un aparcamiento de bicicletas y vestuarios para fomentar el uso de vehículos no contaminantes. También se prevé recarga para los coches eléctricos.

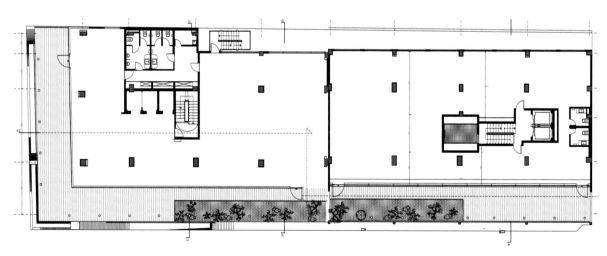

Office Building in Diagonal 409

Barcelona, Spain
Arch. Coauthor: Albert Lluch
Structure: Robert Brufau / Engineering: PGI/ B&C Management
Photos ©: Albert Lluch, O. Mestre

In 2002 we already rehabilitated the entire building, changing its former use of housing for offices. At that time, we tried to *change m² of floor for m³ of air and light* tearing down the central area, generating a large patio that would allow views between buildings, where the new panoramic elevators would be. This time, it comes to a building that has the LEED Gold Certificate in the category of rehabilitation and allows savings of up to 40% of its energy consumption. For this purpose the gray water is recycled, the lights parallel to the façade supporting walls have light sensors control, natural ventilation is improved and, especially, we played with the envelope (passive architecture) changing all the façade woodwork using double glass and thermal break. Anyway, if we did not to change the common areas, people who knew the building would think that *nothing has been done*, therefore the ground floor lobby has been redesigned with a winding wall of wooden slats, entrances have been changed by others of new generation, much faster, to improve vertical traffic (adapting it to the new regulations). The wood paneling and patio stucco are also changed and we designed new reception furniture.

En el año 2002 ya rehabilitamos el edificio en su totalidad, cambiando su antiguo uso de viviendas por el de oficinas. En aquel momento, se trató de *cambiar m² de superficie por m³ de aire, de luz* y, derribando la zona central, generar un gran patio que permitiera vistas cruzadas, por el que circularían los nuevos ascensores panorámicos. En esta ocasión, se trata de hacer un edificio que tenga el LEED oro en la categoría de rehabilitación y que permita economizar hasta un 40% de su consumo energético. Para ello se reciclan las aguas grises, las luces de las crujías paralelas a fachada llevan sensores lumínicos de control, se potencia la ventilación natural y, sobre todo, se ha jugado con la envolvente (arquitectura pasiva) cambiando todas las carpinterías de fachada por otras de doble vidrio y rotura de puente térmico. De todas formas, de no cambiar las zonas comunes, quienes conocían el edificio, pensarían que *no se ha hecho nada*, con lo que se ha rediseñado el vestíbulo de planta baja mediante una sinuosa pared de listones de madera que nos acompaña, se cambian los accesos por otros de nueva generación, mucho más rápidos, para mejorar el tráfico vertical (adaptándolos a la nueva normativa vigente). También se cambian los panelados de madera y estucados del patio y se diseña el nuevo mueble de recepción.

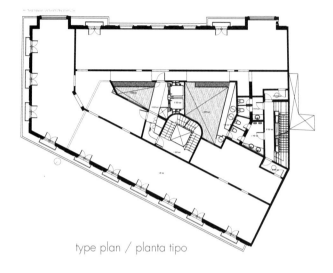

type plan / planta tipo

View of the building, walking down Diagonal street, like a small *Flatiron*, at the scale of Barcelona (on the previous page). On this page a standard floor, movement in the lobby and images of the double doors and wooden paneling slats that takes us to the elevator core.

Vista del edificio, bajando por la calle Diagonal, como un pequeño *Flatiron*, a escala barcelonesa (en la página precedente). En ésta, planta tipo, actuación en el vestíbulo e imágenes de la doble puerta y del panelado de listones de madera que nos acompaña al núcleo de ascensores.

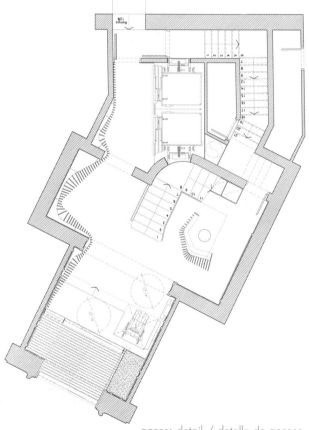

access detail / detalle de acceso

The wooden strips when touching the façade form the roof of the double door, as a box of a lower altitude, so as not to interfere with the original moldings and the false ceiling of the lobby. There is a elevator platform for people with physical disabilities, so they do not have to go through the well known ramps; and not make them go by the back façade (Paris street) to avoid social discrimination.

Los listones de madera, al llegar a fachada, conforman el techo de la doble puerta, entendida como una caja a una altura menor, para no interferir con las molduras y el falso techo original del vestíbulo. Una plataforma elevadora permite el recorrido de personas con discapacidad física, sin tener que recurrir a las consabidas rampas, ni obligarles a entrar por la fachada de detrás (calle París) para evitar toda discriminación social.

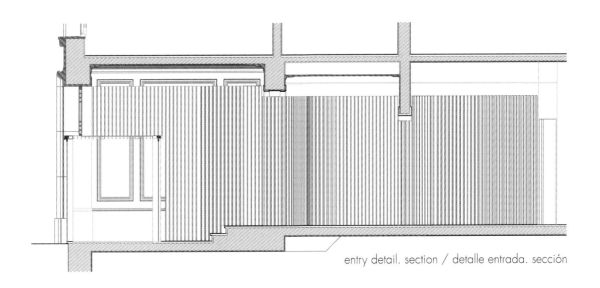

entry detail. section / detalle entrada. sección

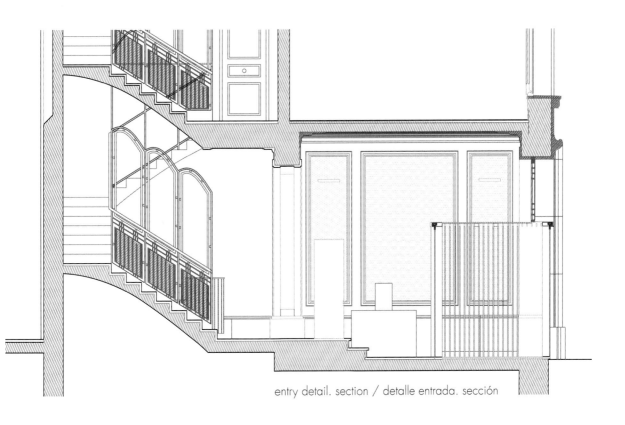

entry detail. section / detalle entrada. sección

A reception revised 12 years later (2002 – 1st version / 2013 – 2nd version)

The two pieces of furniture designed for the reception of the building located at the 409 on Diagonal St are separated between them by the 12 years that go from the first integral refurbishing, when we changed the use of the building (from residential to offices), to this second one that has pretended to improve its energetic efficiency (nowadays, the building consumes a 40% less of what it used to consume before). But given that anyhow, only changing the consumption, people would thing that we hadn´t done anything, in this second integral renovation, the public areas for assembly have been redesigned. In the first version the furniture was barely a fold in order to not interfere with the Art Deco elements, lights and pilasters that were conserved (I refer to them that way because of its pretension, because the building was constructed after the war in the fifties). In this occasion and making such motifs disappear, the wall that walks us to the lifts is covered with wooden strips of different sections in order to generate a play that the piece at the lobby, now under the stairs, will repeat. A transparent glass door canopy, hold by supports, will prevent anything falling from above on the doorman.

Una recepción revisada 12 años después (2002 - 1ª versión / 2013 - 2ª versión)

Los dos muebles diseñados para la recepción del edificio situado en la Diagonal 409 distan entre sí, los 12 años que van desde la primera reforma integral, en la que cambiamos de uso el edificio (de residencial a oficinas), a esta segunda que se ha pretendido la mejora de su eficiencia energética (el edificio consume hoy un 40% menos que lo que consumía antes). Pero como, de todas formas, de no cambiar más que el consumo, la gente pensaría que no habíamos hecho nada, en esta segunda renovación integral se han rediseñado las áreas de pública concurrencia. En la primera versión el mueble era apenas un pliegue para no interferir con los elementos Art Deco, luces y pilastras que se conservaron (les llamo así por su pretensión, porque el edificio se construyó después de la Guerra, en los años cincuenta). En esta ocasión y haciendo desaparecer tales motivos, la pared que nos acompaña a los ascensores se forra de listones de madera de diversas secciones para generar un juego que el mueble de la portería, ahora situado bajo la escalera, repetirá. Una marquesina de cristal transparente, sujetado de las zancas, evitará que le puedan caer al portero cosas desde lo alto.

Images of the central patio where the new elevators are, and walkways with access to offices. View of the maintenance walkways and the connection that hides the passage of all building facilities, accessible floor by floor from the patio. The new elevator technology (with a considerably higher speed) required a reinforcement of the structure. Much of our work aimed to minimize the impact so to not alter the vision and transparency we already had in our first job.

Imágenes del patio central por el que circulan los nuevos ascensores y de las pasarelas de acceso a las oficinas. Vista de las pasarelas de mantenimiento y de la religa que esconde el paso de todas las instalaciones del edificio, accesibles planta a planta desde el patio. La nueva tecnología de los ascensores (con una velocidad considerablemente mayor) obligaba a reforzar la estructura. Gran parte de nuestro trabajo tuvo como objetivo minimizar esa incidencia para no alterar la visión y transparencia que ya teníamos de nuestra primera intervención.

Images of the old stairwells (under which we can find the new reception now). On this page, image of the skylight covering the whole, with crystals with overlapping scales and walkway for cleaning, on the inside.

Imágenes de la antigua caja de escaleras (bajo la cual se sitúa, ahora, la nueva recepción). En esta página, imagen de la claraboya que cubre el conjunto, con cristales a modo de escamas superpuestas y pasarela para su limpieza, por la cara interior.

Offices in Senlis

Senlis (Paris), France
Arch. Coll: Carlos Maurette

Co-Author Team Abertis:
Arch. José María Gómez Hospital
Arch. Juan Carlos Bellido
Anna Jornet

Abertis has a subsidiary, SANEF, which, from its center of Senlis, situated northern Paris, builds and controls the highways in the northern half of France. The project proposes to reorder an old building, located near the airport of Roissy (CHdG) next to an existing toll and build a new building, as a bar that contains the new offices, radio as well as services control and monitoring of highways, tunnels and works in progress. Both the radio, as the control center must operate 24 hours a day to respond in case of an accident or natural disaster. The new building also contains a café, on the ground floor, that will serve the entire complex and an landscape offices floor, with its corresponding boxes and boardrooms situated in the rear part of the building, open all of them, to the surrounding fields. It is also envisaged the construction of an auditorium with internal and external use, so it can work, also, autonomously building as the center of activities of the town (voting in elections, theater, lectures, without interfering in the use of the resort facilities).

Abertis tiene una filial, la SANEF, que, desde su centro de Senlis, situado el norte de París, construye y controla las autopistas de la mitad norte de Francia. El proyecto propone reordenar un antiguo edificio, situado junto a un peaje, cerca del aeropuerto de Roissy (ChdG) y construir un nuevo edificio, a modo de barra, que contenga las nuevas oficinas, la radio y sus servicios anexos, así como los servicios de control y monitorización de las autopistas, túneles y obras en marcha. Tanto la radio, como el centro de control, deben de funcionar las 24 horas al día para dar respuesta, en caso de accidente o catástrofe natural. El nuevo edificio contiene, también, una cafetería en Planta Baja que dará servicio a todo el complejo y una planta de oficinas paisaje, con sus correspondientes despachos y salas de juntas a modo de peine posterior, abierta, toda ella, a los campos circundantes. También se prevé la construcción de una sala de actos con uso interno y externo, para que pueda funcionar, también de manera autónoma del edificio, como centro de actividades de la localidad (votaciones en elecciones, teatro, conferencias, sin interferir en el uso de las instalaciones del complejo).

The new building ground floor and first floor is finished in glass and corrugated metal sheet (similar to the current one) not to break entirely with the rest of the set, although its design has little to do with the pre-existence. The building generates shadows porches and covered steps and has a built body that rises above the cover to mask the body of facilities (outdoor air conditioning units). The cover, slightly tilted back, raises green to view from the old building to be confused with the landscape.

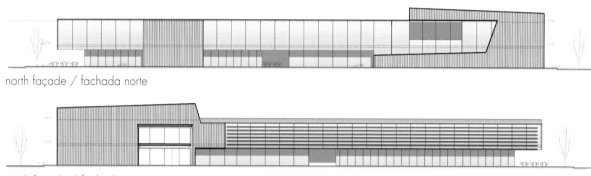

north façade / fachada norte

south façade / fachada sur

ground floor /
planta baja

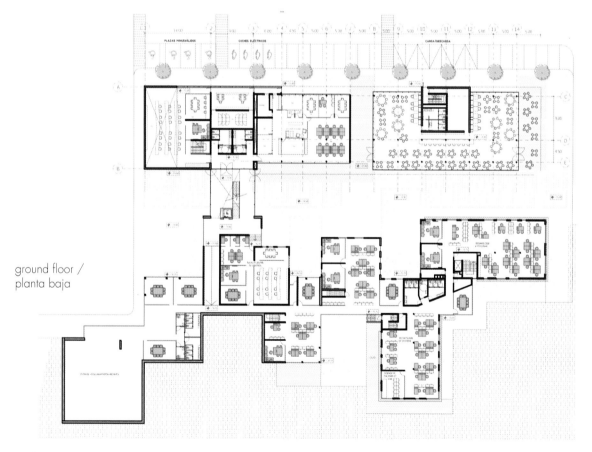

El nuevo edificio de planta baja y piso se acaba en cristal y plancha metálica ondulada (similar a la actual) para no romper del todo con el resto del conjunto, si bien su diseño poco tiene que ver con la preexistencia. El edificio genera porches para generar sombras y pasos a cubierto y tiene un cuerpo construido que sube por encima de la cubierta para enmascarar el cuerpo de instalaciones (unidades exteriores de climatización). La cubierta, ligeramente inclinada hacia atrás, se plantea verde para que vista desde el viejo edificio se confunda con el paisaje.

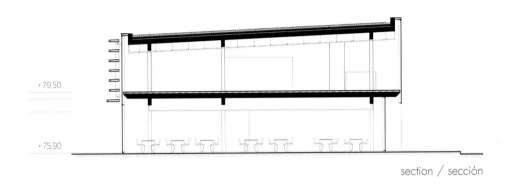

+ 79.50

+ 75.90

section / sección

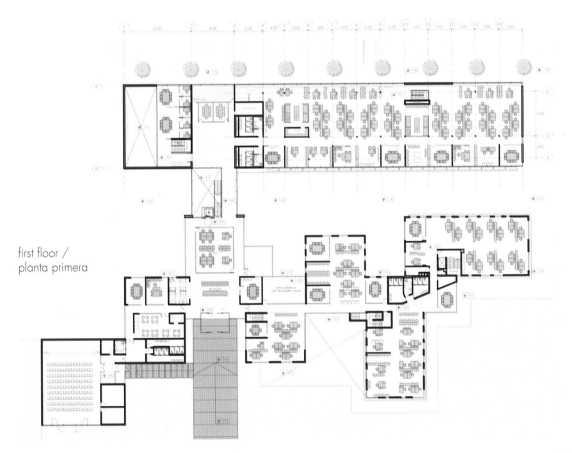

first floor /
planta primera

The new and the old building are linked by a bridge that serves as a passage, in its two levels, levels that are communicated through a new suspended staircase without risers, and a panoramic glass elevator that allows to make accessible all parts of the building to disabled people). The project is suited to measures of sustainability and current efficiency energy, according to French regulations.

El nuevo y el viejo edificio se articulan mediante un puente que sirve de paso, en su doble nivel, niveles que quedan comunicados mediante una nueva escalera suspendida, sin contrahuellas, y un ascensor panorámico de cristal que permita hacer accesible todas las partes del edificio a las personas con movilidad reducida). El proyecto se adecúa a las medidas de sostenibilidad y eficiencia energética más actuales, según la reglamentación francesa.

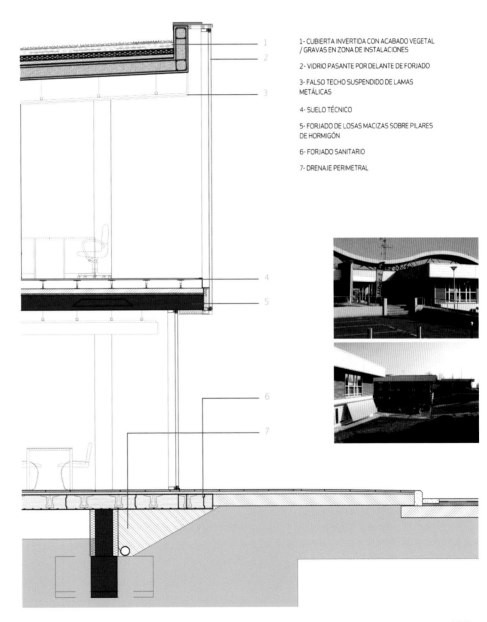

1- CUBIERTA INVERTIDA CON ACABADO VEGETAL / GRAVAS EN ZONA DE INSTALACIONES

2- VIDRIO PASANTE POR DELANTE DE FORJADO

3- FALSO TECHO SUSPENDIDO DE LAMAS METÁLICAS

4- SUELO TÉCNICO

5- FORJADO DE LOSAS MACIZAS SOBRE PILARES DE HORMIGÓN

6- FORJADO SANITARIO

7- DRENAJE PERIMETRAL

Offices and Residential Complex

Istambul, Turkey
Arch. Coauthor: M1441 (Massimo Prezziosi)
Arch Coll: Araceli Abrego, Guillermo Díaz

The density of the floor the regulations grant (2,7 m^{2}t/m^{2}s), the steep topography and the obligation to leave 10 meters apart from the surrounding streets forces to build in the center of a triangular site where the views are not in the best position. As from the fourth floor, offices and apartments overlook the Bosphorus, it was suggested to extend in height. The first image was of a set of three towers shaped as sails in the wind, sailing over the rooftops of Istanbul, as if it were a three-mast ship (the plot is on some old obsolete shipyards). But the narrow space forced to built two taller towers (there is no standardized height) to release a south-facing space for common areas. In front of them, at the tip of the plot, a minor third tower would house the offices of the group promoting the operation, which should be its flagship. Project realized with M1441, within the GAB association (Group of architects of Barcelona), we have been members for three years.

La densidad que la Ordenanza concede al suelo (2,7 m^{2}t/m^{2}s), la pronunciada topografía y la obligación de dejar 10 metros de separación a las calles perimetrales obliga a construir en el centro de un solar triangular en el que las vistas no coinciden con la mejor de las orientaciones. Como a partir de la planta cuarta, las oficinas y los apartamentos tienen vistas al Bósforo, se sugiere la construcción en altura. La primera imagen fue un conjunto de tres torres en forma de velas al viento, navegando sobre los tejados de Estambul, como si el resultado conjunto fuese un barco de tres mástiles (el solar está sobre lo que fueron unos antiguos astilleros obsoletos). Pero el exiguo espacio obligó a concentra la edificación en dos torres más altas (no hay altura reguladora) para liberar un espacio orientado a sur para las zonas comunes. Delante de ellas, en la punta de la parcela, una tercera torre menor debía de albergar las oficinas del grupo que promueve la operación, en lo que debe de ser su buque insignia. Proyecto realizado con M1441, dentro de la agrupación GAB (Grupo de arquitectos de Barcelona) de la que formamos parte durante tres años.

View of the plot in front of Bosphorus (first the Suleiman Mosque, the Magnificent), offices, opining in search of the best views (memories of some of the works of Alvar Aalto are evident) and volumetric studies of the tower of offices, like a butterfly spreading its wings. The project was never carried out. The client insisted in giving as the project but did not want us to be in charge of the project management (for that purpose they had their local technical team). There was no way to convince him that if he liked our buildings in Barcelona it was because of our way of spoiling them during the making.

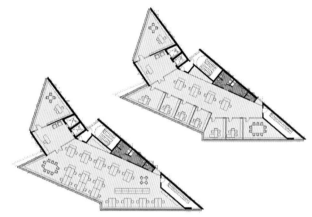

Vista del solar frente Bósforo (en primer término la mezquita de Solimán, el Maganífico), plantas de las oficinas, abriéndose en abanico en busca de las mejores vistas (las reminiscencias a algunas de las obras de Alvar Aalto son evidentes) y estudios volumétricos de la torre de oficinas, desplegando sus alas cual mariposa. El proyecto nunca se llevó a cabo. El cliente insistía en encargarnos el proyecto pero no nos permitía llevar a cabo la dirección de obras (para tal cometido ya tenía su equipo técnico local). No hubo manera de convencerle que si le gustaban nuestros edificios en Barcelona era por lo mucho que los habíamos mimado durante su ejecución.

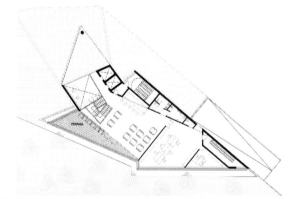

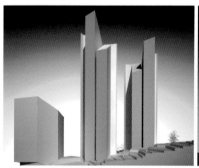

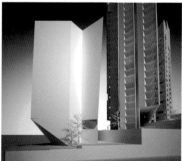

Entrepreneurship Centre

Torrelavega, Spain
Arch. Coauthor: Carlos Maurette
Arch Coll: Albert Lluch

The idea is to build a lighthouse at the entrance of the town, as a light box that indicates the way forward to implement ideas and business opportunities. The distribution of the different areas is organized across four floors, depending on the level of privacy involving their use. So, on the ground floor, we locate the ones used by the public: the School of Entrepreneurs, multi-media and multipurpose room. In the next two, the first and second, are the rooms of *"business incubation"*, and the fourth, the private business area. Both these offices as the *"business incubator"* are similar, and therefore would allow the increase and reduction of units in both directions, without substantial works or modifications.

As a link between the different areas and levels of the building, a central patio provides light and interaction between them. The competition rules established clearly the parameters to respect. However, the proposal that fully ignored those parameters won, tripling the height allowed. In the end one thinks, once lost, it makes no difference because in this country there was a time in which, for lack of means, not even winning proposals were built in this country. And competitions have ended up being a frustrating need to measure their own strength.

El edificio se plantea como un faro a la entrada de la población, como una caja de luz que guía e indica el camino a seguir para poner en práctica ideas y oportunidades de negocio. La distribución de las diferentes áreas se jerarquiza a través de sus cuatro plantas, según el nivel de privacidad que conllevan sus usos. Así, en la planta baja, se sitúan las de uso más público: las de la Escuela de Emprendedores, la mediateca y la sala polivalente multiusos. En las siguientes dos, la primera y la segunda, se encuentran las salas de *"incubación de empresas"*, y en la cuarta, el área privada de negocios. Tanto estos despachos como los de la *"incubadora de empresas"*, son parecidos, y por tanto, permitirían el aumento y reducción de unidades en ambos sentidos, sin necesidad de obras ni modificaciones sustanciales.

Como nexo de unión, entre las diferentes áreas y niveles del edificio, un patio central proporciona luz e interacción entre ellas. Las bases del concurso establecían, claramente, los parámetros a respetar. Sin embargo, ganó una propuesta que se las saltaba completamente, triplicando la altura permitida. En el fondo, piensa uno, una vez perdido, da igual, porque en este país ha habido una época, en la que, por falta de medios, no se construían ni las propuestas que ganaban. Y los concursos han acabado siendo lo que un ejercicio de dedos al pianista, una frustrante necesidad de medir la fuerza de las propias alas.

Image of the central patio, of the various façades, floors and section where you can see the whole proposed starry structure. As per the façade we highlight the formal restraint of the building, conceived as a body of black stone that reflect the entities of the program and on which the slats of colors that protect and control the natural lighting of the various offices.

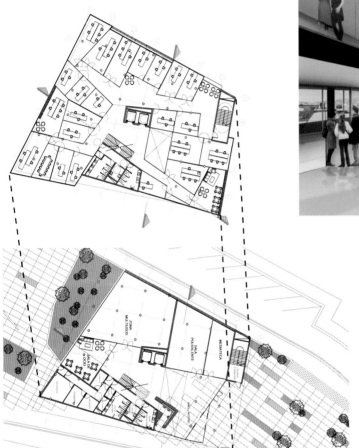

Imagen del patio central, de las varias fachadas, plantas y sección en las que se ve la estructura estrellada propuesta para el conjunto. En fachada destacaríamos la contención formal del edificio, concebido como un cuerpo de piedra negra que refleja los cuerpos del programa y sobre los que se remarcarían las lamas de colores que protegen y controlan el asoleo de los varios despachos.

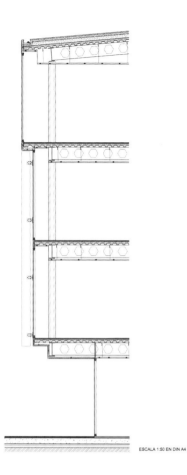

1. Cubierta chapa de zinc
2. Hormigón celular para pendientes
3. Viga con previsión de paso de instalaciones
4. Canalón recogida aguas pluviales
5. Falso techo de pladur
6. Carpintería con rotura de puente térmico (5+5,8,4+4)
7. Pilar
8. Vierteaguas
9. Lamas de aluminio, diversos RAL. Sujeción: pletinas galvanizadas sobre soporte portante
10. Suelo de gres porcelánico

ESCALA 1:50 EN DIN A4

ESCALA 1:20 EN DIN A4

constructive sections of the facade / secciones constructivas de la fachada

District Headquarters in Sarrià

Barcelona, Spain
Arch. Coauthor: Carlos Maurette
Arch Coll: Albert Lluch

With the crisis, the tendering processes do no longer reward you with the construction of the project, should you win, but with "the possibility of construction". And we know that when a politician says yes, it means perhaps and when it is perhaps it means no. Although we do not usually take part in this kind of open tenders, we did participate in defining a 3x1 building (that was our motto) the request was to join the district offices, public library and the municipal archives, in a mix that would allow to make the building profitable (the truth is that a building is more profitable the more hours it is used and the more functions it can offer). That itself is sustainability. The building faces the Major de Sarria square (where we placed the most representative functions), foreshortened view on the Passeig de la Bonanova (where we placed the busiest public rooms, with a separate entrance) and a third façade, leading to the back passage, where we put the library reading rooms, illuminated through a skylight, and the archive.

Con la crisis, los concursos ya no te premian con la construcción del proyecto, caso de ganar, sino con "su posible construcción". Y ya sabemos que, cuando un político dice que sí, es quizás y cuando dice quizás es que no. A pesar de que no solemos presentarnos a este tipo de concursos abiertos, participamos en definir un edificio 3x1 (ese fue nuestro lema) que pedía unir las oficinas de distrito, la biblioteca pública y el archivo municipal, en un mix que debía de permitir rentabilizar el edificio (lo cierto es que un edificio es más rentable cuantas más horas se usa y a cuantas más funciones responde). Eso sí es la sostenibilidad bien entendida. El edificio tiene fachada a la plaza Major de Sarrià (en donde situamos las funciones más representativas), vista en escorzo sobre el Passeig de la Bonanova (en donde situamos las salas de más afluencia de público, con un acceso independiente) y una tercera fachada, dando al pasaje posterior, en donde dispusimos las salas de lectura de la biblioteca, iluminadas cenitalmente, y el archivo.

Floors of the building (notice, given the plan required you can see how crowded the space is), section (where you can see a gentle ramp towards the square with most public access), images of the stairs, façades (with the retreat it creates and protects the service door for staff members) and aerial view. Our bad result in the ratings of the jury, indicates that we must do something wrong when taking part in a tender.

Plantas del edificio (a notar, dado el programa requerido, la densidad de la ocupación), sección (en la que se aprecia la suave rampa dando a la plaza del acceso más público), imágenes de la escalera, fachadas (con la invaginación que genera y protege la puerta de servicio para los funcionarios) y vista aérea. Nuestro pésimo resultado obtenido en las calificaciones del jurado, nos indica que algo debemos de hacer mal a la hora de concursar.

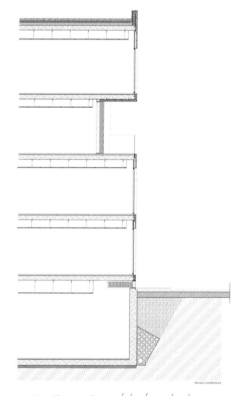

constructive sections of the facade / secciones constructivas de la fachada

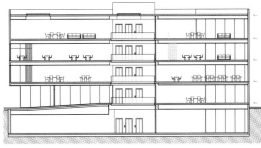

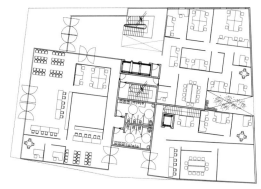

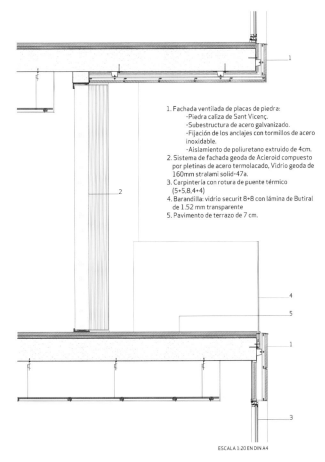

1. Fachada ventilada de placas de piedra:
   -Piedra caliza de Sant Vicenç.
   -Subestructura de acero galvanizado.
   -Fijación de los anclajes con tornillos de acero inoxidable.
   -Aislamiento de poliuretano extruido de 4cm.
2. Sistema de fachada geoda de Acieroid compuesto por pletinas de acero termolacado, Vidrio geoda de 160mm stralami solid-47a.
3. Carpintería con rotura de puente térmico (5+5,8,4+4)
4. Barandilla: vidrio securit 8+8 con lámina de Butiral de 1.52 mm transparente
5. Pavimento de terrazo de 7 cm.

ESCALA 1:20 EN DIN A4

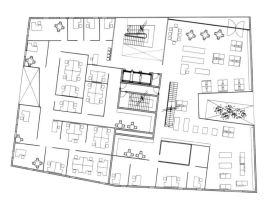

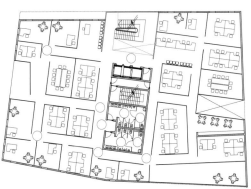

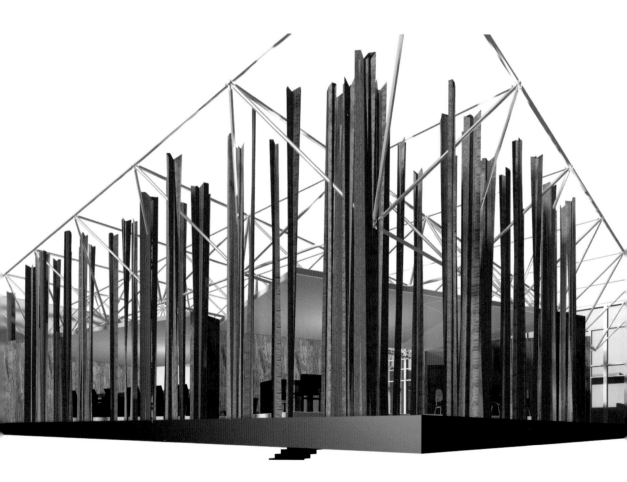

Headquarters of Astratech

L'Hospitalet de Llobregat, Spain
Arch. Coll: Manu Pineda

AstraTech is a Swedish company that has its headquarters in a set of industrial units opposite IKEA in L'Hospitalet de Llobregat, and because of their growth they had to buy the adjacent industrial unit to locate the management offices. As each industrial unit was 300 sq meter and we only had to relocate the director's office, secretarial department and meeting room (with its corresponding waiting room) it occurred to us that we could fill the offices planting a forest of larch and birch trees (a clear Nordic effect) and create a catwalk to communicate the different areas, generating the feeling that one is working in nature. The forest served as a filter against the soulless polygon and the tubular cover of the structure allowed the boxes, understood as "container of functions", would not touch the ceiling and would be seen as modern cabins. Who did not understand anything was the customer: the proposal was not well received by management, under the pretext that *they did not need a representative office, because they were the ones that went out to visit their clients*. Well, so much the worse for them.

Astratech es una empresa sueca que tiene su sede en un conjunto de naves frente al IKEA de L'Hospitalet de Llobregat y que, por necesidad de crecimiento había comprado la nave adyacente para ubicar los despachos de dirección. Como cada nave era de 300 m² y apenas había que reubicar el despacho de dirección, secretaría y la sala de juntas (con su correspondiente sala de espera) se nos ocurrió inundar las oficinas, plantar un bosque de alerces y abedules (de clara resonancia nórdica) y generar unas pasarelas para comunicar los diversos ámbitos, hasta generar la sensación que se trabajaba en plena naturaleza. El bosque servía de filtro frente al desangelado polígono y la cubierta tubular de la estructura permitía que las cajitas, entendidas como "contenedor de funciones", no tocasen al techo y se leyeran como unas modernas cabañas. El que no entendió nada fue el cliente: la propuesta no fue bien recibida por la dirección, bajo la excusa de que *no necesitaban una oficina representativa, porque eran ellos los que salían a visitar a sus clientes*. Peor para ellos.

Images of the forest, under the modular structure of the industrial unit, the public area of the closed offices, the management area (with access to the secretarial department and the meeting room) and the invaded area (fed by a water circuit, recycled).

Imágenes del bosque, bajo la estructura modular de la nave, de la zona pública, de los despachos cerrados, del área de la dirección (con acceso a la secretaria y a la sala de reuniones) y de la zona inundada (alimentada mediante un circuito de agua, reciclada).

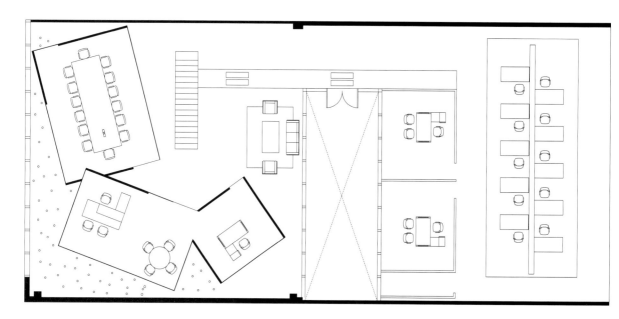

Renovation of an Office Building in Diagonal 630

Barcelona, Spain
Arch. Coauthor: COBLONAL ARQUITECTURA
Arch Coll: Franceso Soppelsa, Josep Ribas
Video ©: Franco Di Cappua

It happens that a patient who takes many medications, often improves if all medication is removed. Therefore the first thing to do when one starts a refurbishment like this is to clean it all, remove planters to have zero maintenance, eliminate colors, so much visual noise. After the fury of deconstruction in the 90s, more natural shapes are imposed. The central element of the project is that "bug" that amoeba, a "container of functions" so that it is at the same time a safety body, information desk and coffee bar to open and close like a true marine bivalve. The large atrium is an aquarium tank in whose abyssal depths lives the monster. We are the fish, the watching eye… Above, as in the real sea, other fish swim, spinning and illuminating the set with reflections of their scales, in the afternoon sun. The offices replace their obsolete elements for that skin, of wooden slats colored with the shades of our sea, ensuring privacy at will and making the façades to the courtyard (the authentic façades of the building) in a pixilated skin, emerged from the Barceló seas. DEKA, the German customer, clearly bet on sustainability. The building should function better, the lighting had to be of low consumption, we should save from water to toilet paper, and that the project should fit the allocated budget, is something that was taken for granted. The fact that it was exciting is something we had to earn first. The tender process took two rounds, we were the first team from the first round to be invited to compete in the second. The winner was eventually a good friend, with a great solution, a much more serene one.

Sucede que un enfermo que toma muchas medicinas, con frecuencia, mejora si se las retiran todas. Y así la primera cosa que hay que hacer cuando uno entra a reformar una obra como ésta era limpiar, eliminar jardineras de cara a tener un mantenimiento cero, eliminar colores, tanto ruido visual, como había. Tras los furores de la deconstrucción de los años 90, unas formas más naturales se imponen. El elemento central del proyecto es ese "bicho", esa ameba, un "contenedor de funciones" de manera que es, al mismo tiempo, cuerpo de seguridad, puesto de información, cartería y bar cafetería hasta abrirse y cerrarse como un auténtico bivalvo marino. El gran atrio es el tanque de un acuario en cuyas profundidades abisales vive el monstruo. Nosotros somos los peces, el ojo que mira… Por encima, como en el mar de verdad, otros peces nadan, dando vueltas e iluminan el conjunto con los reflejos de sus escamas, al sol de tarde. Las oficinas sustituyen sus elementos obsoletos por esa piel, de lamas de madera coloreados con los tonos de nuestro mar, que aseguran la privacidad a voluntad y convierten las fachadas al patio (las auténticas fachadas del edificio) en una piel pixelada, surgida de los mares de Barceló. DEKA, el cliente alemán, apostaba claramente por la sostenibilidad. Que el edificio funcionase mejor, que la iluminación fuese de bajo consumo, que economizáramos desde agua a papel del water, que el proyecto se ajuste al presupuesto asignado era algo que se daba por sentado. Que fuera emocionante debíamos de ganárnoslo. El concurso se hizo a dos rondas, fuimos el único equipo invitado de la primera al que se le invitó a concursar en la segunda. El concurso lo ganó finalmente, un buen amigo, con una magnífica solución, mucho más serena.

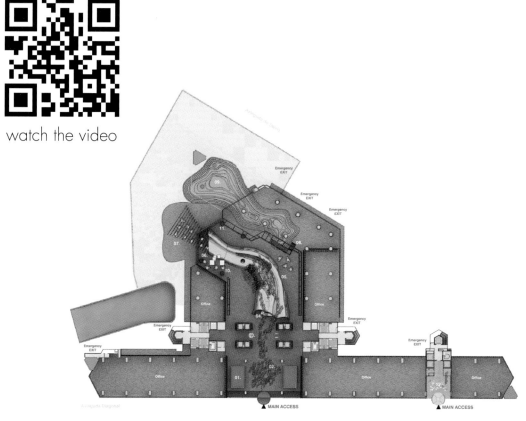

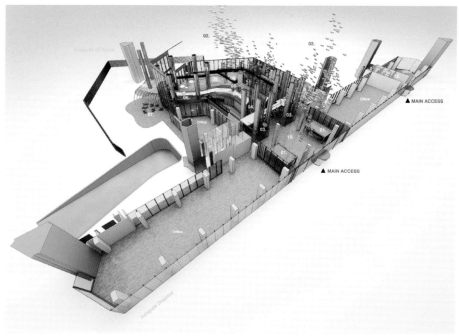

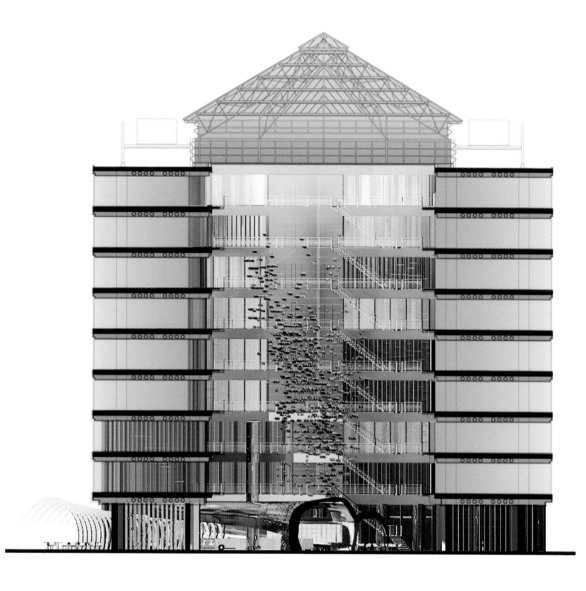

Axonometric projections of various innovations in the central courtyard and section where you can see hundreds of lamp-fish swimming in the tank, the central space we converted in a water tank. Exit to the space surrounding the building (outdoor terrace cafeteria).

View of the courtyard, with the "bug" as a "container of functions".

Axonometrías de las diversas invenciones en el patio central y sección en la que se aprecia los cientos de lámparas–peces que nadan en la pecera, el *tanque de agua* en el que convertimos el espacio central. Salida al espacio circundante del edificio (terraza al aire libre de la cafetería).

Vistas del patio, con el *"bicho"* a modo de contenedor de funciones.

Image of the suspended bug-amoeba lights, the background fish and slats in colors with shades of the sea. The luminaries have a hydraulic system that allows them to come down at will for maintenance, as we already did with the neighboring L'Illa Diagonal Shopping Centre.

Imagen del bicho-ameba, de las luces suspendidas, de los peces al fondo y de las lamas de colores con los tonos del mar. Las luminarias disponen de un sistema hidráulico que permite bajarlas a voluntad para su mantenimiento, como ya hiciéramos con las del vecino Centro Comercial L'Illa Diagonal.

On the other side, as a skeleton of a stranded whale, the marquee, that should serve to lower the height in the cafeteria area, comes out forming the pergola. With the aim to dissolve the boundaries, pavements of white pebbles and wood enter and exit the building.

Del otro lado, cual esqueleto de una ballena varada, la marquesina que debe de servir para bajar la altura en la zona de la cafetería, sale fuera configurando la pérgola. Con la voluntad de disolver los límites, los pavimentos de cantos rodados blancos y de madera entran y salen del edificio.

Plot A / Solar A

Various Office Complexes in 22@ Barcelona

Barcelona, Spain
Arch Coll (1): Albert Lluch, Josep Ribas, Eduardo Peñalosa
Arch Coll (2): Manu Pineda

22@ is the old industrial area (22) which, due to its new technological uses, has opened up bringing in other urban typologies and is now (22@). We presented two projects that were halted due to the real estate crisis. The first project was to build a set of offices that would take up three-quarters of a block from the Cerdà scene, 200 meters from Torre Agbar. According to the tender rules, the set had to be divisible into two separate packages (even the underground car parks), given the intention of the property to sell one of them and with the money earned build their headquarters. On top of the office complex, a set of duplex apartments take advantage of the best views and the sun, as well as a separate access. The project clearly distinguished the façades to the street and the courtyard. While the exteriors were of aluminum panel, and can be closed presenting the appearance of a totally blind side, the interior ones opened by means of glass galleries and sustaining slats to the well maintained interior spaces.

Understanding the Cerdà block and living it differently was the raison d'etre of our solution. Of all the participating teams we were two finalists and, as in the movie *"Mach Point"* of Woody Allen, the ball fell on the wrong side of the court. Although you never know, due to the crisis the project is on hold, at least for the time being.

El 22@ es la antigua zona industrial (22) que, debido a sus nuevos usos tecnológicos, ha abierto la mano a otras tipologías urbanas y se ha transformado en (22@). Presentamos dos proyectos que quedaron parados por la crisis inmobiliaria.

El primer caso era para construir un conjunto de oficinas que ocupaba tres cuartas partes de una manzana de la trama de Cerdà a 200 metros de la Torre Agbar. Según las bases del concurso, el conjunto debía de ser divisible en dos paquetes diferenciados (incluso a nivel de los aparcamientos subterráneos), dada la intención de la propiedad de venderse uno de ellos para, con el dinero obtenido, desarrollar, en el otro, su sede social. Por encima del conjunto de oficinas una planta de apartamentos dúplex se aprovechaba de las mejores vistas y del sol, con accesos independientes del resto. El proyecto diferenció, claramente las fachadas a la calle y al patio de manzana. Mientras las exteriores se revestían en panel de aluminio, pudiéndose cerrar hasta el punto de poder presentar un aspecto totalmente ciego, las interiores se abrían, mediante galerías acristaladas y rejillas de mantenimiento, a los cuidados espacios intermedios.

Entender la manzana de Cerdà y vivirla de otra manera fue la razón de ser de nuestra solución. De todos los equipos participantes quedamos dos finalistas y, como en la película *"Mach Point"* de Woody Allen, la pelota cayó para el lado que no tocaba. Aunque eso nunca se sabe, porque, crisis mediante, el proyecto está aparcado, de momento.

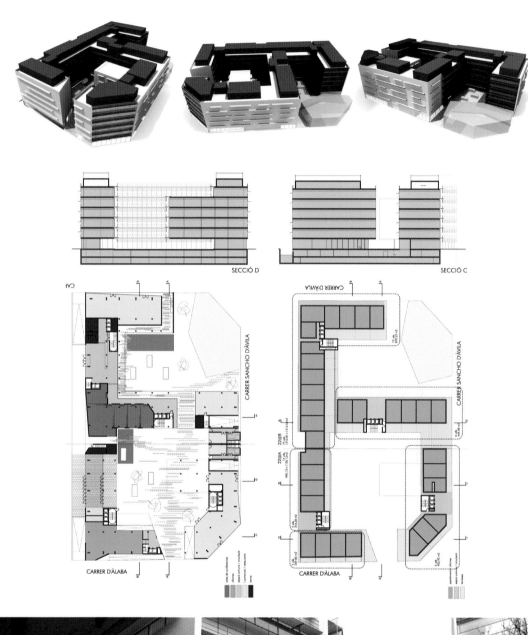

SECCIÓ D

SECCIÓ C

CAF

CARRER SANCHO D'ÀVILA

CARRER D'ÀLABA

CARRER D'ÀVILA

CARRER SANCHO D'ÀVILA

CARRER D'ÀLABA

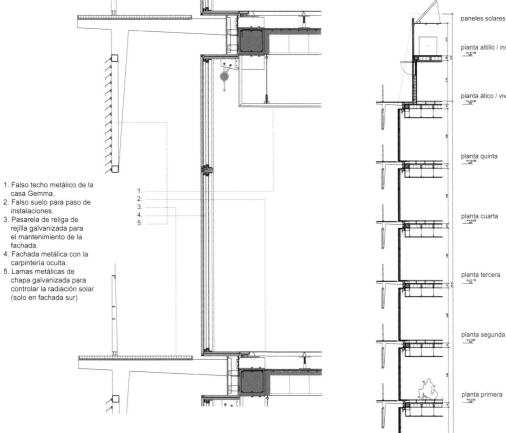

1. Falso techo metálico de la casa Gemma.
2. Falso suelo para paso de instalaciones.
3. Pasarela de religa de rejilla galvanizada para el mantenimiento de la fachada.
4. Fachada metálica con la carpintería oculta.
5. Lamas metálicas de chapa galvanizada para controlar la radiación solar (solo en fachada sur)

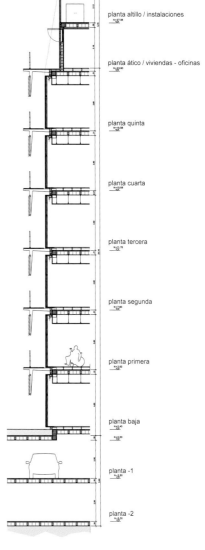

paneles solares

planta altillo / instalaciones

planta ático / viviendas - oficinas

planta quinta

planta cuarta

planta tercera

planta segunda

planta primera

planta baja

planta -1

planta -2

Some Floors, sections of the block, street and interior images, volumetries of the whole (in black, finishing the whole complex, for housing, above the offices). The complex gained one floor, illuminated like an English garden for public use, above -4 meters of altitude. Parking fixed under the whole complex.

Plantas, secciones del patio de manzana, imágenes a la calle e interior y volumetrías de conjunto (en negro, rematando el conjunto, la parte destinada a vivienda, sobre las oficinas). El complejo ganaba una planta, iluminada en plan patio inglés, para usos públicos, por encima de los -4 metros de cota. El aparcamiento cosía por debajo la totalidad de la operación.

Plot B / Solar B

The second example shows the volumetric redesign of another block, owned by a family that was associated with a developer in this project, a customer of the firm. The by regulations granted square meters were grouped in a central tower that served as a lookout over the neighborhood and around which several lower levels created small squares and passages suggesting other spatial relations.

El segundo ejemplo presenta la reordenación volumétrica de otra manzana, propiedad de una familia que estaba asociada en la operación con un promotor, cliente del despacho. Los m² que le concedía la normativa se agrupaban en una torre central que hacía las veces de mirador sobre el barrio y, en torno a la cual, diversos cuerpos bajos creaban placitas y pasajes que sugerían otras relaciones espaciales.

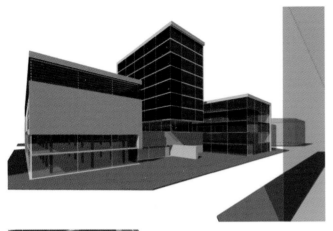

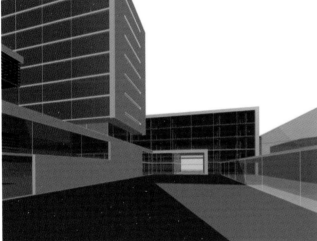

Second block in which we take part, we propose to occupy the central space of the courtyard and, on the other hand, withdraw from the street, creating an outdoor plaza and a series of passages until reaching the footage to the square meters we were allowed to built. None of the projects have been carried out.

Segunda manzana en la que intervinimos, en la que proponíamos ocupar el espacio central del patio y, por el contrario, retirarnos de la calle, generando una plaza exterior y una serie de pasajes hasta ajustar el metraje a los m^2 que se podían construir. Ninguna de las operaciones acabó llevándose a cabo.

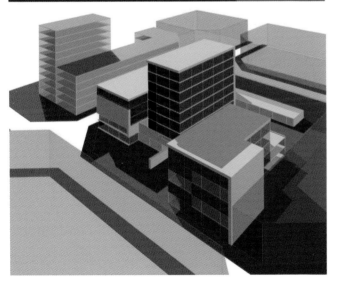

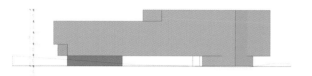

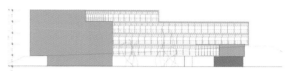

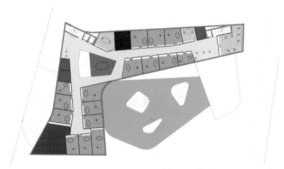

second floor / planta segunda

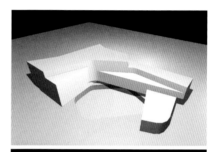

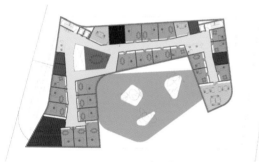

first floor / planta primera

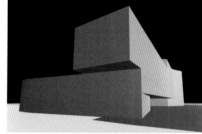

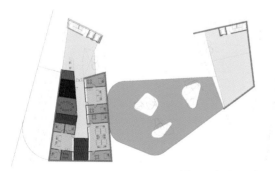

ground floor / planta baja

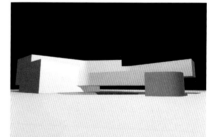

Corporate Offices "Girona 6000"

Girona, Spain
Arch. Coauthor: Albert Lluch

We call it the Girona-6000 because it was a building of 6000 m² all new plant, situated at the entrance to Girona coming from Barcelona on the motorway. It was a restricted tender, not remunerated (Spain is different, anyway) between four architectural studies, a fifth firm ended up winning even if they were not invited. It would not be the first time or the last that something similar happens to us. The building that we proposed would deplete the building possibility of the plot constructing different plants overlapping each other in such a way that it would highlight its independent nature, something suggestive for those like us who are used to working urban façades, at road alignment. The floors could also be rented separately (which is why they came to consider two separate entrances on the ground floor, around the porch and the common garden). The project was a tender you already thought you would lose (until it is your lucky day). Unfortunately, we were right, we did not get lucky. But working is never in vain ... Many of the ideas we proposed could be picked up and developed, changing what was needed, and we used it at the headquarters of the CERN management, project with which we started this book ... Because every project has a germ, an affiliation, it is the offspring of previous ones and starting point for others that shall come. Only this way, working makes sense: if we are able to explain it from our personal journey.

Le llamamos en el estudio Girona-6000 porque se trataba de un edificio de 6000 m², de nueva planta, a la entrada de Girona, viniendo de Barcelona por la autopista. Era un concurso restringido, pero no remunerado (Spain is different, anyway), entre cuatro despachos de arquitectura y que acabó ganando un quinto que no estaba invitado. No sería la primera vez, ni la última que nos sucede algo similar. Lagarto, lagarto... El edificio que planteamos agotaba la edificabilidad de la parcela a base de diversas plantas que se superponían entre sí, de manera que resaltaban su carácter autónomo, algo sugerente para quienes estamos acostumbrados a trabajar fachadas urbanas, según alineación a vial. Las plantas, además, eran susceptibles de ser alquiladas por separado (razón por la que se llegaron a plantear dos accesos independientes en planta baja, entorno al porche y el jardín común). El proyecto fue un concurso que se hace pensando en que se va a perder (esperando que suene la flauta). Desgraciadamente, acertamos el veredicto y la flauta no sonó. Pero nunca el trabajo es en vano... Muchas de las ideas que aquí planteamos las hemos podido retomar y desarrollar, con todas las diferencias que se quiera, en la sede de la dirección del CERN, con la que empezamos este libro... Porque todo proyecto tiene un germen, una filiación, es hijo de otros previos y base de partida para otros que vendrán, después. Sólo así, el trabajo tiene sentido: si es capaz de explicarse desde la trayectoria personal de cada uno.